D1729637

Thomas Schaefer

Chöre in Dortmund

Ausgabe 2001 u. 2002

Thomas Schaefer Verlag

Bei den Chören auf dem Umschlag handelt es sich um

Florian Singers, Ladies First, Männerchor der Dortmunder Actien-Brauerei (Titelseite von vorne nach hinten);
Kammerchor der Universität Dortmund, Blues Brothers & Soul Sisters, MGV Dortmund-Brackel 1880 e.V., Chor Clamott', Männerchor Aplerbecker Mark (© Foto: Silke Wilhelm-Mämecke), Evangelischer Kirchenchor Kirchlinde-Rahm, Gemischter Chor Huckarde 1959 (Rückseite von oben nach unten).

ISBN 3-9806499-3-8

© Thomas Schaefer Verlag Bremen, 2001
Titel- und Innenlayout: Thomas Schaefer
Druck: Schmidt Druck, Bremen

Die Deutsche Bibliothek - CIP-Einheitsaufnahme
Ein Titelsatz für diese Publikation ist bei Der
Deutschen Bibliothek erhältlich

Vorwort des Autors

*Sehr geehrte Leserinnen,
sehr geehrte Leser,*

ich freue mich Ihnen nach langer und aufwendiger Recherche das Buch „Chöre in Dortmund" präsentieren zu können.

Ihre Heimatstadt ist eine der singfreudigsten im Ruhrgebiet. Doch was nützen einem als „Chorwilligem" die vielen Gesangsgruppen, wenn man nichts von ihnen weiß, bzw. den jeweiligen Ansprechpartner desjenigen Chores, den man beim letzten Auftritt so beeindruckend fand, nicht kennt?

Als ich vor einigen Jahren Lust auf Singen verspürte, hatte ich Glück und kam über einen Bekannten zu einem Chor, der vom Repertoire und den Mitgliedern genau meinen Wunschvorstellungen entsprach.
Wäre ich von meiner ersten Chorerfahrung jedoch enttäuscht gewesen, hätte ich so schnell nicht mehr zum Singen in einer Gruppe bewegt werden können.
Das Ihnen vorliegende Buch soll Anfängern eine Vorauswahl er-

möglichen, Notenunkundige können z.b. schnell einen Eindruck von Zusammensetzung, Anspruch und Repertoire der vorgestellten Chöre gewinnen und einen Einstieg in einen zu anspruchsvollen Chor vermeiden.

„Chöre in Dortmund" richtet sich jedoch nicht nur an Choranfänger, auch Fortgeschrittene können nach neuen interessanten Chören Ausschau halten, Chorleiter sich neue Anregungen für ihr Repertoire holen oder mit Hilfe des Buches gemeinsam mit anderen Chorleitern bzw. Vorsitzenden Konzerte und Chorevents organisieren.

Der Ihnen vorliegende Chöreführer hat also einen hohen praktischen Wert, er soll aber auch zum schmökern einladen, denn jede Chordarstellung ist individuell und mit viel Liebe gestaltet. Auch als Erinnerung bzw. Geschenk für aktive und passive Chormitglieder eignet sich diese Publikation.
Zusätzlich zum Hauptteil des Buches, in dem ca. 70 Chöre aus

Dortmund vorgestellt werden, finden Sie eine Chorliste (Chöre nach Sparten geordnet), in denen weitere Chöre aufgeführt werden. Im Serviceteil sind außerdem Adressen von Chorverbänden und Chorzeitschriften verzeichnet, sowie einige Seiten chorbezogenes Glossar angefügt.

Mein besonderer Dank gilt allen Menschen, die durch Ihre Mitwirkung dieses Buch erst ermöglicht haben.

Ich bin sicher, daß aufgrund der Vielzahl der vorgestellten Chöre auch für Sie das passende Ensemble dabei ist. Sollte „Chöre in Dortmund" dabei behilflich sein, Chorsuchende und Chöre Ihrer Stadt „zusammenzuführen", wäre ich rundum zufrieden.

Ihr Thomas Schaefer

Falls Ihr Chor in der vorliegenden Ausgabe keine Erwähnung gefunden hat, so ist dies keine böse Absicht oder Selektion, bei der großen Anzahl von (zum Teil nicht in Chorverbänden organisierten) Chören kann der eine oder andere Chor „unrecherchiert" geblieben sein.

Da ich die Chörereihe alle 2 bis 3 Jahre aktualisieren werde, bitte ich um kurze Nachricht, damit Sie in der Neuauflage vertreten sein werden.
Auch über Anregungen, Kritik und Erfahrungen bzgl. dieses Buches freue ich mich immer. Meine Verlags-Anschrift finden Sie am Ende des Buches.

P.S.: Ich benutze aus Lesbarkeitsgründen (wer liest schon gerne „der/die ChorsängerIn" o.ä.) oft die männliche Schreibform, z.B. „die Chorsänger". Natürlich sind auch die Frauen in diesen Umschreibungen mit inbegriffen.

Warum Singen?
Eine kurze Geschichte des Chorgesangs

Warum Singen? Das gemeinsame Musizieren mit dem ureigensten menschlichen Musikinstrument – der eigenen Stimme – geht zurück bis in die Anfänge der Menschheit, ist sehr viel älter als die Schrift, wahrscheinlich sogar älter als die Sprache! Karl Adamek bemerkt dazu in seinem Artikel „Singen: Die eigentliche 'Muttersprache des Menschen'": „Die Fähigkeit, über den Stimmklang, die Laute, die Lallgesänge, den Gestus etc. zu kommunizieren, erlernt der Mensch vor allem als Säugling und vor dem Erlernen der Wortsprache. Bereits im vielfältigen, noch unkultivierten Klangausdruck entwickeln wir das Singen. Deswegen kann es am genauesten als die eigentliche 'Muttersprache des Menschen' bezeichnet werden. Diese ist jenseits aller Worte für alle Menschen intuitiv verständlich, kann sie über alle Unterschiede hinweg verbinden und liefert das klangliche Material, das musikalische Fundament der späteren unterschiedlichen verbalen Sprachen der Völker. (...) Wer das Singen, das musikalische Fundament der Sprache nur unvollständig lernt bzw. diese Sprache später in seinem Leben vernachlässigt, bleibt in seiner Kommunikationsfähigkeit mit nachhaltigen Auswirkungen beschränkt. Oder aus positiver Perspektive: Wer die eigentliche 'Muttersprache des Menschen' entfaltet, entwickelt zugleich seine soziale Kommunikationsfähigkeit. Alle Forschungsergebnisse weisen darauf hin, daß die Entwicklung der Singfähigkeit des Individuums sehr zur Entwicklung des EQ, der emotionalen Intelligenz beiträgt, deren Stellenwert entscheidend für ein gelingendes Leben ist."

Das Motiv, einen Chor aufzusuchen, ist individuell verschieden, meist liegt es jedoch nicht darin begründet, seine emotionale Intelligenz zu steigern (obwohl dies ja - wie oben geschildert – bei häufigem Chorbesuch fast von selbst passiert). Auf die Frage, warum jemand im Chor singt, hört man Antworten wie: Singen im Chor macht Spaß, Singen ist ein erhebendes Gefühl, man lernt nette Leute kennen, man kommt durch Konzertreisen herum, beim Singen tanke ich für den Alltag auf, es macht mich stolz, zusammen mit anderen ein schwieriges Stück zu meistern usw.

Viele Leserinnen und Leser werden sicher wie ich zu den Schuljahrgängen gehören, bei denen im Musikunterricht das Singen vernachlässigt wurde. Meistens ist es dann ein Freund oder eine Freundin, die in einem Chor singt und einen doch irgendwann zu einer Probenteilnahme überredet. Für Menschen, die nie richtig gesungen bzw. schon lange nicht mehr gesungen haben, ist das immer ein aufregendes Erlebnis. Die Buchreihe „Chöre in..." habe ich nicht zuletzt deswegen konzipiert, um den Zufall bei der Chorsuche zu minimieren. Jeder am

Singen Interessierte soll sich anhand der Informationen in Text und Bild schon vorab darüber klar werden, was ihm bei seinem „Chor in spe" wichtig ist. Ein Chor besteht aus vielen Einzelsängern, und der Chorneuling soll sich unter seinen Mitsängern wohlfühlen. Das neue Chormitglied sollte nicht unterfordert und auch nicht überfordert werden, deswegen auch die Informationen, ob Notenkenntnisse oder Vom-Blatt-Singen erforderlich sind, oder ob auch absolute Laien in den jeweiligen Chor aufgenommen werden.

Oft werde ich gefragt, wie sich der Chorgesang musikhistorisch entwickelt hat. Nachfolgend versuche ich daher aus verschiedenen Quellen eine kurze Geschichte des Chorgesangs zu skizzieren:

„Chöre" im weitesten Sinne hat es zu allen Zeiten und in aller Welt gegeben, auf allen Kulturstufen ebenso wie bei primitiven Völkern. Entstanden sein dürfte der gemeinsame Gesang bei religiösen Kultfeiern und in Verbindung mit den verschiedensten Volksbräuchen. Die geschichtlich überlieferten Chorgesänge von der Antike bis zum Mittelalter sind fast durchweg einstimmig.

Schon in den griechischen Tragödien und Komödien der Antike spielte das Chorlied eine wichtige Rolle. So begegnet uns vor über 2500 Jahren bei den Dionysos-Feiern der alten Griechen erstmals der „Choros" (Griech.: „xopos") als eine Sänger- und Tänzergruppe, deren Auftreten im Mittelpunkt der Feiern stand.
Viele Musikwissenschaftler sehen in den Festspielen der Griechen sogar Parallelen zu den Chorwettbewerben unserer Zeit: Für jedes Schauspiel wurde ein eigener Chor aufgeboten, die Kosten für Einstudierung und Ausstattung der einzelnen Chöre übernahm jeweils ein vermögender Bürger Athens. Bei der Siegerehrung wurden nicht nur Dichter und Schauspieler, sondern auch der „Sponsor" des besten Chores ausgezeichnet.

Auch bei den alten Römern findet sich eine bedeutende Chorkultur, die Chöre nahmen – beim Gigantismus mancher Kaiser nicht verwunderlich – riesige Ausmaße an; nicht selten füllten die Chorsänger den Raum eines Amphitheaters.

In den Zeiten der Spätantike und des frühen Christentums wird der „chorus" zum „kosmischen Reigen" transformiert, er wird zum Sinnbild des Reigens jubilierender himmlischer Heerscharen, der durch die singende Gemeinde auf Erden verkörpert wird. Der Kirchenvater Augustinus förderte die gemeindliche Chormusik und gab ihr das theologische Fundament, für ihn bedeutete Chorgesang „Übereinstimmung der Singenden".
In der christlichen Antike und im Mittelalter bildeten sich dann häufig Singgruppen, die den Gottesdienst feierlich mit Gesang umrahmten. Meist waren nur Mönche und Geistliche Mitglieder des Chors. In der damals schnell wachsenden Zahl von Klöstern wurde der liturgische Gesang zunehmend geschult und verfeinert. Es kam zum Zurückdrängen des Gemeindegesangs, das Chorwesen wurde zur Domäne der Priester und Sängerknaben, allmählich wurden Frauen ganz vom Chorgesang ausgeschlossen. Immer wieder liest man in diesem Zusammenhang von Kastrationen an den Sängerknaben, um die fehlenden Stimmlagen der Frauen ersetzen zu können. Die Kastratenstimmen spielen auch in der Oper des 17. und 18. Jahrhunderts eine wichtige Rolle. In der capella sistina gab es sie bis Anfang des 20. Jahrhunderts!
Für Jahrhunderte wurde der Chor zum liturgisch singenden Priester-

chor, der durch Solisten („Cantores") aufgewertet wurde. In der zweiten Hälfte des 7. Jahrhunderts entstand der Gregorianische Choral. Er stellt die erste große musikalisch-künstlerische Leistung dar und ist gleichzeitig die älteste, bis heute lebendig gebliebene Kunstform des Abendlandes. Bis zum 10 Jahrhundert wurden die Melodien nur mündlich weitergegeben, als die Überlieferung unsicher wurde, griff man zum Versuch einer schriftlichen Fixierung der überkommenen Gesänge, zuerst durch Andeutung des Melodieverlaufs, dann vom 11. Jahrhundert an durch genaue Kennzeichnung der Tonabstände mit Hilfe von Notenlinien.

Diese Notation war die Voraussetzung zur Entstehung einer auskomponierten Mehrstimmigkeit, wie man sie nur in der abendländischen Musik vorfinden kann.

Es dauerte jedoch noch mehrere Jahrhunderte, bis die Möglichkeiten der Mehrstimmigkeit erkannt und ausgeschöpft wurden, so z.B. in den 1350 erstmals vollständig vertonten Meßordinarien.

Es gibt in der Musikwissenschaft eine Diskussion, ob die überlieferten mehrstimmigen Gesangskompositionen dieser Zeit wirklich schon für Chor, oder nur für solistisch besetzte Ensembles geschrieben wurden. Der Ausdruck „Chorus" wurde sicher nicht ohne Grund bis ins 16. Jahrhundert nur gleichbedeutend mit „einstimmigem liturgischem Chor" verwendet. Die kirchlichen Chöre des 16. Jahrhunderts waren oft zum Improvisieren der einstimmigen Chorallinien angehalten, echte Mehrstimmigkeit ist eher eine Entwicklung des 18. Jahrhunderts und trägt seine Wurzeln in den privaten Kunstkreisen des Adels und später des Bürgertums, wo z.B. Madrigale und Chansons aufgeführt wurden. Die Madrigale waren ursprünglich nur für höfisches, standesgemäßes Publikum im intimsten Kreise gedacht und nicht für öffentliche Zuhörerschaft.

Ein kleiner Einschub zur Mehrstimmigkeit: Die meisten der heutigen Chöre singen in der Regel vierstimmig, im 16. und 17. Jahrhundert gab es unter den - häufig italienischen - Komponisten jedoch fast einen Wettstreit um die Mehrstimmigkeit und den Chorklang. So entstanden zahlreiche 8- und 12-stimmige Messen, ein Gipfel der Mehrchörigkkeit ist sicherlich die 53-stimmige Festmesse von Benevoli, die 1628 zur Einweihung des Salzburger Doms erklang.

Eine entscheidende Wendung in der Öffnung des Chorgesangs für einfache Menschen jenseits von Hof, Adel und Klerus war ohne Zweifel die Reformation. Nach der Reformation gewannen die kirchlichen Singgruppen zunehmend Bedeutung durch die Übernahme kirchenmusikalischer Aufgaben im Gottesdienst. Häufig hatten diese Chöre auch bei Festlichkeiten aller Art des bürgerlichen Lebens mitzuwirken. Die Leitung lag jeweils in den Händen des Kantors. Johann Sebastian Bach war von 1723 bis an sein Lebensende 1750 Kantor der Thomaskirche und Musikdirektor in Leipzig. Mit dieser Stellung war die Übernahme einer Reihe von öffentlichen Pflichten im städtischen Leben verbunden. Im 16. und 17. Jahrhundert entstanden nun die ersten Kantaten und Oratorien, meist nach Texten der Bibel. Sicher stellen Bachs Weihnachtsoratorium und seine Passionen den künstlerischen Gipfel dieser Entwicklung dar. Auch Georg Friedrich Händel schuf machtvolle Oratorien (Messias), in denen neben Sologesang die Chöre das Volk im dramatischen Geschehen darstellten, aber auch zum Symbol der Größe und der Macht des Gotteslobs und zum Künder der biblischen Botschaft wurden.

Die bürgerliche Chorbewegung ab dem 18. Jahrhundert ist eindeutig ein Produkt der Aufklärung und neuer Erziehungsideale. Die Umbildung des Schulwesens führte zu einer allgemeinen Einführung des Singunterrichts, mehrstimmiges Singen wurde plötzlich für jeden Schulgänger erlernbar. Im späten 18. Jahrhundert erwachte auf diesen Grundlagen ein starker Sinn für den Chorgesang. Während bis zu dieser Zeit kirchliche Singgruppen immer noch der Hauptträger für fast alle Bereiche des Chorgesangs waren, ist dieser nun Ausdruck der Volksgemeinschaft und ein Mittel zur Volksbildung im Sinne Pestalozzis. In dieser Zeit (Anfang des 19. Jahrhunderts) prägten sich die Begriffe eines „Chores", so wie wir sie noch heute verstehen: 4-stimmiger a-capella Gesang. Einschränkend muß jedoch angemerkt werden, daß damals für viele Menschen das Singen in Chören, Singschulen usw. aus finanziellen und – verständlicherweise – aus zeitlichen Gründen ein Traum bleiben mußte.

Die Gründung von Chören wurde trotzdem fast eine Art von Volksbewegung, die Hauptgründungszeit der ersten Ensembles ist eng mit dem damaligen gesellschaftlichen Wertesystem verknüpft, in denen Begriffe wie Volkssouveränität, Nationalbewußtsein und

Pflege der nationalen Schätze sehr bestimmend waren.

Die Gründung der „Singakademie zu Berlin" durch C.C. Fasch im Jahre 1792 wirkte damals wie ein Aufbruchsignal. Erstmals versammelten sich Frauen gleichberechtigt mit Männern (oft noch in getrennten Chören, vielerorts jedoch auch schon gemischt), sangen Bürgerliche zusammen mit Personen aus den „höheren" Kreisen.

Singen wurde zum Volkssport, die stärksten Impulse gingen – getragen von der Begeisterung für nationale Einheit – vom Männerchorwesen aus, dessen Ursprünge eng mit der 1809 von C.F. Zelter gegründeten Berliner „Liedertafel" verbunden sind. Zu gesamtdeutschen Sängerfesten strömten damals immer wieder tausende von Sängern.

Auch im Aufführungswesen großer Werke wie des „Messias", der „Schöpfung" u.a. wurden nun Massenchöre bis zu 600 Sängern und Sängerinnen eingesetzt.

Das 20. Jahrhundert sieht das Aufkommen vieler neuer Chorsparten, in Deutschland unterbrochen von der unseligen Zeit des Nationalsozialismus, in der viele Chöre (z.B. aus der Arbeiterbewegung) verboten wurden.

Die Zahl der Chöre in Deutschland läßt sich nicht genau ermitteln, neben den 17.500 als Verein eingetragenen Chören gibt es eine große Anzahl nicht organisierter Ensembles, ich schätze die Gesamtanzahl deutscher Chöre auf über 40.000 (!). Heute gibt es in jeder größeren Stadt eine vielfältige Chorszene, es existieren neben den Männer-, Frauen-, Kinder-, Jugend- und gemischten Chören und neben der großen Kirchenchorszene inzwischen engagierte Kammerchöre, Konzertchöre, Oratorienchöre, Jazz-, Pop- und Gospelchöre, Shantychöre, Opernchöre, Schwulen- und Lesbenchöre, Madrigalchöre, Seniorenchöre usw.

Abschließend möchte ich als Schlußwort und als Credo für den Aufbruch des Chorgesangs im 21. Jahrhundert ein Zitat aus „Harenbergs Chormusikführer" anführen: „Die mobile Gesellschaft läßt viele überregionale, oft nur kleine, aber semiprofessionelle Chorgemeinschaften mit hohen Ambitionen entstehen. Chorwettbewerbe, Auslandstourneen und Tonträgeraufnahmen motivieren zu ungeahnter Leistungssteigerung. Die schwierigsten großen Chorwerke wie Bachs 'h-Moll-Messe' oder Beethovens 'Missa solemnis', deren Erarbeitung und

Wiedergabe früher nur in großstädtischen Musikzentren mühsam möglich gewesen ist, sind heute Allgemeingut vieler Chöre geworden. So hat sich in unserer Zeit eine so vielschichtige Chorkultur gebildet, wie sie nie zuvor existiert hat."

Literatur:

Adamek, Karl: „Singen: Die eigentliche Muttersprache des Menschen" in Jahrbuch 1998, Deutscher Sängerbund

Blume, Friedrich: Die Musik in Geschichte und Gegenwart, Kassel 1989

Harenberg Chormusikführer, Dortmund 1999

Herzinger, Hans: Gesangverein - nein danke? in: Schwäbische Sängerzeitung 11/ 1991

Wörner, Karl H.: Geschichte der Musik, Göttingen

Dortmunder Chöre:
Singen im Zeichen des stetigen Wandels...

In Dortmund existiert eine gesunde Mischung verschiedenster Chorsparten. Wie in der gesamten bundesdeutschen Chorlandschaft gab es auch in der Stadt im östlichen Ruhrgebiet in den letzten Jahren einen Wandel in der Chorstruktur: Viele traditionelle Gesangsvereine haben mit Überalterung und Mitgliederschwund zu kämpfen, auf der anderen Seite entstehen neue junge Ensembles, von denen einige wenige nach kurzer Zeit wieder von der Gesangsbühne verschwinden, die anderen jedoch mit hohen semiprofessionellen Ansprüchen schnell ein größeres Publikum finden.

Die Geschichte des Chorwesens in Dortmund ist deutlicher als in anderen deutschen Städten vom ökonomischen Werdegang der Stadt dominiert: In den vierziger Jahren des 19. Jahrhunderts erlebte die Stadt einen nachhaltigen wirtschaftlichen Aufschwung. Mit der Einführung bayrischer Braumethoden um 1845 entstanden die ersten modernen Großbetriebe der Kronen- und Löwenbrauerei und damit auch die ersten Brauereichöre. Einen Brauereichor – den 1935 gegründeten Männerchor der Dortmunder Actien-Brauerei – findet man übrigens auch in diesem Buch.

Die technischen Fortschritte der folgenden Zeit bestimmen den Aufschwung der Schwerindustrie, so nahm am 23. November 1841 das älteste Unternehmen der Dortmunder Schwerindustrie, die Hermannshütte in Hörde, ihren Betrieb auf. Die für diese Industrie wichtigen Transportwege wurden durch Einweihung des Dortmunder Bahnhofs 1847 geschaffen. Nach 1850 bildeten sich zudem zahlreiche Aktiengesellschaften, u.a. bedeutende Unternehmen wie die „Hörder Bergwerks- und Hütten AG" (1852) und die „Harpener Bergbau AG". Auch die ersten Zechen „Hansa" (1854) und „Adolph von Hansemann" (1857) nahmen ihren Betrieb auf. Wirtschaftswachstum und steigender Wohlstand prägten von nun an die Entwicklung der Stadt Dortmund. Die so-

geteuft. Die Einwohnerzahl Dortmunds wuchs bis 1875 auf 57.742 an und so wurde die Stadt im selben Jahr, nach Essen und Duisburg, als dritte Stadt im Ruhrgebiet kreisfrei.

Die wirtschaftliche Prosperität ging einher mit einer Gründungswelle vieler Gesangvereine und vieler Werks- und Zechenchöre. Mit dem Bau des Dortmund-Ems-Kanals (1899) und des gleichzeitig errichteten Dortmunder Hafens, wurde die für die Kohle und Stahl so wichtige Verbindung zu den Nordseehäfen geschaffen, und am Ende des Jahrhunderts war Dortmund mit 142.733 Einwohnern größte und wichtigste Stadt des Ruhrgebiets. Viele

Gegen Ende des 19. Jahrhunderts wurden viele Dortmunder Gesangvereine gegründet. Hier ein Foto des MGV „Frohsinn" 1881 Dortmund-Lanstrop aus dem Jahre 1896.

genannten „Gründerjahre" in den siebziger Jahren des vorigen Jahrhunderts brachten weitere Unternehmen in die Stadt. Die „Eisen und Stahlwerke OHG Leopold Hoesch" nahm im September 1871 ihre Produktion auf und die ersten Schächte der Zechen „Minister Stein" (1871), „Westhausen" (1871) und „Gneisenau" (1873) wurden ab-

Neubürger und Arbeiter suchten in der großen Dortmunder Chorlandschaft nicht nur Ausgleich zu ihren oft harten Arbeitsbedingungen, das Singen im Chor erleichterte den Zugezogenen auch die soziale Integration.

Anders als die neueren Chöre, die in den Zeiten erhöhter Mobilität entstanden, verraten die Namen der älteren Chöre (Männerchor Dortmund-Asseln, Gemischter Chor Dortmund-Lütgendortmund, Frauenchor Eintracht Dortmund-Sölde u.v.a), daß die Chöre ursprünglich ein fester Bestandteil des Kulturlebens einzelner Stadtteile bzw. erst später eingemeindeter Gebiete waren. Heute wäre es eher ungewöhnlich, wenn sich ein neugegründeter Chor Jazzchor Dortmund-Aplerbeck oder Gospelchor Dortmund-Dorstfeld nennen würde.

Der Rückgang der traditionellen Gesangvereine ist nicht nur musikalisch zu bedauern - viele dieser Chöre tradieren mit der Pflege deutschen Liedguts immerhin ein wichtiges Stück unserer Kultur - die Chöre sind durch unentgeltliche Auftritte in Altersheimen, Krankenhäusern, bei Stadtteilfeiern, Benefizveranstaltungen usw. ein stabilisierender Faktor im sozialen Gefüge Dortmunds. Mit jedem Männergesangverein und jedem Frauenchor weniger, bricht auch ein Stück dieses soziokulturellen Gefüges weg.

Den deutlichsten Rückgang verzeichnen sicher die Werks- und Zechenchöre. Nach dem 2. WK, der Dortmund zu einem Großteil verwüstete, wandelte sich die Stadt schnell von einer von der Montanindustrie geprägten, zu einer Dienstleistungsstadt.

In den 50er Jahren zählte die Stadt schon wieder 500.000 Einwohner und gewann durch den Bau von Verwaltungs-, Kultur- und Freizeiteinrichtungen ein neues Gesicht, welches vormals allein von Bergbau und Stahlindustrie geprägt war. 1957 waren die historischen Kirchen der Stadt (Reinoldi-, Marien- und Propsteikirche) wiederhergestellt. Die Kirchenchöre, die nach dem 2. Weltkrieg - wie auch die meisten weltlichen Chöre - ganz von vorn beginnen mußten (Notenmaterial war verbrannt, Übungsräume zerstört, viele Sänger und Sängerinnen waren während des Krieges ums Leben gekommen), sind ein stabilisierender Faktor in der Chorlandschaft Dortmunds geblieben, nicht zuletzt deshalb, weil die beiden großen Konfessionen bis heute durch das Aufrechterhalten von Kantorenstellen dem Chorgesang eine wichtige Stellung im Gemeindeleben einräumen.

Ein neues Wahrzeichen erhielt Dortmund mit dem Bau des Fernsehturms „Florian" im Jahre 1959. Die überregional bekannten Florian-Singers (siehe Titelbild) verdanken diesem Turm ihren Namen. Die Strukturkrise bei Kohle und Stahl - die letzten drei Zechen wurden in den 80er Jahren stillgelegt - führte, wie schon erwähnt, zu einem drastischen Auflösungsprozess in der Sparte der Werks- bzw. Zechenchöre. Dortmund verlor so einen für die Stadt typischen Chorbereich, der es bis zu jenem Zeitpunkt von anderen Chorlandschaften der Bundesrepublik unterschieden hatte. Trotz der ökonomischen Teilkrise gelang es den Dortmunder Stadtvätern, den wirtschaftlichen Aufschwung und den Wohlstand in den kommenden Jahrzehnten zu festigen und voranzutreiben. Nicht nur die Anbindung an das überregionale Verkehrsnetz wurde ausgebaut und in großem Umfang zusätzlicher Wohnraum geschaffen, auch das Kultur- und Geistesleben der Stadt erhielt neue Anstöße, beispielsweise durch die seit 1957 jährlich stattfindenden Auslandskulturtage (zu deren Bedeutung für den Chorgesang s.u.) und die 1966 erfolgte Eröffnung des „Großen Hauses" der städtischen Bühnen. Bildungs- und Ausbildungszentrum wurde Dortmund endgültig durch die Gründung der Universität 1968 und den Neubau der Pädagogischen Hochschule. Der zunehmenden wirtschaftlichen Krise mit steigenden Arbeitslosenzahlen Ende der 70er/Anfang der 80er Jahre, vor allem in der Schwerindustrie, wurden in den

80er Jahren die Einführung und Förderung neuer, zukunftsträchtiger Industrie und Technologien entgegengesetzt. Sechs Hochschulen und Akademien und gut 30 wissenschaftliche Institute haben inzwischen in Dortmund ihren Sitz. Nicht zuletzt Uni-Chor und Kammerchor der Universität sind aus der Dortmunder Chorlandschaft nicht mehr wegzudenken.

Dortmund wandelte sich also zu einem Zentrum für Dienstleistung und Forschung, in dem heute 70% der Arbeitsplätze in Dortmund beheimatet sind. Der Zuzug mobiler junger Arbeitnehmer bzw. die wirtschaftliche Umorientierung vieler alteingesessener Dortmunder hinterließ auch in der Chorszene Dortmunds ihre Spuren, es entstanden viele überregional ausstrahlende, stadtteilunabhängige neue Chöre, deren Erfolge auch manchem in die Jahre gekommenen Gesangverein Ansporn war, sein Programm um ein paar englische Stücke oder einige moderne Kompositionen zu erweitern.

Es fällt naturgemäß schwer, aus den vielen Chorleitern und anderen im Chorwesen verdienten Aktiven eine Person hervorzuheben. Stellvertretend für alle, die den Chorgesang in Dortmund attraktiv erhalten haben, und als Beispiel dafür, daß ein Mensch mit seiner Musikbegeisterung viel bewegen kann, sei jedoch Emil Rabe genannt. Nachfolgend zitiere ich aus dem Gründer-Porträt des Dortmunder Kammerchores:

„Der Name Emil Rabe hat im Dortmunder Musikleben tiefe Wurzeln geschlagen. In 50-jähriger erfolgreicher Tätigkeit als Organist, Chordirigent und Komponist ist Emil Rabe vielen Musikfreunden bekannt geworden. Er hat es in hervorragender Weise verstanden, seine Sänger zu großen Leistungen anzuspornen und die Zuhörer zu begeistern. Es darf ohne Übertreibung festgestellt werden, daß wohl alle Konzertveranstaltungen unter seiner Leitung in künstlerischer Beziehung auf hohem Niveau standen. Emil Rabe wurde am 1. November 1920 in Dortmund geboren. Am städtischen Konservatorium erhielt er seine musikalische Ausbildung als Kirchenmusiker und bestand mit 20 Jahren das „Große Examen für katholische Kirchenmusik". Bereits vom 16. Lebensjahr an war er als Organist an verschiedenen Kirchen Dortmunds tätig. Nach 5 Jahren Soldaten- und Kriegszeit begann Emil Rabe 1945 als Musiklehrer. 1946 gründete er den Dortmunder Kammerchor. Außerdem leitete er in Dortmund den Dortmunder Männergesangverein, den Dortmunder Polizeichor und den Karstadtchor. Aus dem Dortmunder Kammerchor und den beiden Männerchören formte er den „Großen Chor" für die alljährlich in der Dortmunder Westfalenhalle stattfindenden Weihnachtskonzerte und besonderen Anlässe. In seiner Heimatgemeinde St. Clemens, Dortmund-Hombruch - Kirchenmusikzentrum der Erzdiözese Paderborn - wirkte Emil Rabe von 1946 bis 1979 als hauptamtlicher Organist und Kirchenchorleiter. Das Ehrenamt des Kreischorleiters im Sängerkreis Dortmund bekleidete Emil Rabe 42 Jahre. Außerdem war er Mitglied in Musikräten verschiedener Sängerbünde.

Rund 500 Kompositionen und Bearbeitungen gesungen im In- und Ausland - zeugen von seinem musikalischen Schaffen. Berufungen und Ehrungen blieben auch bei Emil Rabe nicht aus: 1965 Ehrenbrief der Stadt Dortmund, 1970 Ernennung zum Chordirektor ADC (Arbeitsgemeinschaft Deutscher Chorverbände) und zum Musikdirektor FDB (Fachverband Deutscher Berufschorleiter), 1973 Bundesverdienstkreuz am Bande, viele silberne und goldene Ehrennadeln, Ehrenringe, Verdienstplaketten und Medaillen in- und ausländischer Sängerbünde und Sängerkreise, der Stadt Dortmund sowie 1966 eine persönliche Medaille von Papst Paul VI in Rom, 1993 Bundesverdienstkreuz 1. Klasse. Mit seinen Chören hat Emil Rabe die Welt bereist. In allen Ländern warb er für den deutschen Chorgesang und darf zu Recht als „Botschafter des deutschen Chorgesangs" bezeichnet werden. 1992 ging er in den wohlverdienten 'Un-Ruhestand' ".

Auslandskulturtage /
Internationale Kulturtage

Die Internationalen Kulturtage (bis 1992 Auslandskulturtage genannt) sind schon immer ein großes Podium für Dortmunder und auswärtige Chöre gewesen. In den letzten Jahren gab es einen leichten Rückgang der Chorauftritte, da im Mittelpunkt der Kulturtage, die ein stets wechselndes Gastland vorstellen, zunehmend internationale, junge und innovative Kunst steht, die in Zeiten zunehmender Event-Kultur auch den kommerziellen Aspekt nicht mehr ausschließen kann. Waren im Jahr 2000 mit dem Partnerland Frankreich (dort ist das Chorwesen nicht so verbreitet) eher wenig Chorauftritte verbunden, ist im Jahr 2002 mit

dem Partnerland England wieder mehr Chorgesang zu erwarten, da in Großbritannien die Kultur des Chorsingens ausgeprägter ist und viele Dortmunder Chöre ihren jeweiligen Partnerchor in der Stadt Leeds haben. Man darf gespannt

Auslandskulturtage der Stadt Dortmund

1957	Schweden
1958	Italien
1959	Frankreich
1960	Benelux
1961	Großbritannien
1962	Vereinigte Staaten von Amerika
1963	Dänemark
1964	Niederlande
1965	Schweden
1966	Italien
1967	Norwegen
1969	Großbritannien
1970	Frankreich
1971	Ungarische Volksrepublik
1972	Dänemark
1973	Sowjetunion
1974	Niederlande
1975	Volksrepublik Polen
1976	Griechenland
1977	Sozialistische Republik Rumänien
1978	Sozialistische Föderative Republik Jugoslawien
1979	Großbritannien
1980	Frankreich
1981	Italien
1983	Sowjetunion
1984	Spanien
1985	Finnland
1986	Vereinigte Staaten von Amerika
1987	Ungarische Volksrepublik
1989	Großbritannien

Internationale Kulturtage der Stadt Dortmund

1992	Tschechoslowakei
1994	Italien
1996	Niederlande
1998	Dänemark
2000	Frankreich
2002	England

sein, was zwischen dem 26. Mai und 3. Juni 2002 (der Hauptveranstaltungszeit der nächsten Internationalen Kulturtage) an Gesangsdarbietungen auf die Besucher wartet!

Im Zusammenhang mit der Veranstaltung „Internationale Kulturtage" soll nicht unerwähnt bleiben, daß – anders als in vielen anderen deutschen Städten – die Förderung der Chorlandschaft in Dortmund noch ein stadtpolitisches Anliegen ist. So können Chöre aus den 12 Stadtbezirken mit bezirklicher Vereinsförderung rechnen. Auch das Kulturbüro,

dessen Aufgabe die Förderung der Stadtteilkulturarbeit ist, stellt unter bestimmten Voraussetzungen Gelder zur Verfügung, so z.B. bei anlaßbezogener Projektförderung mit überbezirklicher bzw. gesamtstädtischer Ausstrahlung. Zusätzlich sind im Rahmen des Internationalen Kulturaustausches (Chorreisen u.ä.) weitere Förderungen durch das Kulturbüro möglich.

Gala der Chöre und Fredenbaumkonzert

Die Dortmunder Sängerkreise der beiden großen Chorverbände DSB (Deutscher Sängerbund) und DAS (Deutscher Allgemeiner Sängerbund) veranstalten seit Jahren in Dortmund regelmäßig größere Chorkonzerte, bei denen viele Dortmunder Chöre ihre Programme vorführen. So traten z.B. im September 2000 bei der „Gala der Chöre", zu der der DSB-Sänger-

Ruhr Nachrichten • Nr. 206
Dienstag, 5. September 2000

Dortmunder Kultur

Eine Dschungelreise unternahm der Jugendchor MCA music kids unter der Leitung von Elena Kalfitz mit den Zuschauern im Freischützsaal. Foto: Neubauer

„Festival der schönen Stimmen" im Freischützsaal

Vielseitige Gala von 15 Chören

(JG) „Singen ist im Chor am schönsten" - mit diesem Slogan werben die Dortmunder Chöre für den Gesang. Eine viel bessere Werbung war die traditionell gepflegte „Gala der Chöre" im „Freischütz": 15 Ensembles machten das gut dreistündige Konzert zu einem abwechslungsreichen und stilistisch vielseitigen „Festival der schönen Stimmen", das so gut wie nie besucht war.

Heimatbewusst eröffnete der Männerchor Berghofen unter Ernö Zoltan das Programm mit dem „Berghofenlied" und sorgte mit dem berühmten „Hahn von Onkel

Giacometto" für erste Heiterkeit. Auf den Spuren der Comedian Harmonists wandelte der MGV Nette (Hans F. Caspar), und „Urlaubserinnerungen weckte der gemischte Chor „Silberklang" (Michael Maria Böhm) mit „Funiculi funicula". Schwärmerischen Liebesschwarm wandte sich der MGV Eichlinghofen (Marie-Louise Nieder) zu – wie in Mähren die Lieben besungen wird, ließ der gemischte Chor Dortmund-West (Klemens Knerner) hören.

Beifallsstimme ernte der Männergesangverein Brackel unter Carsten Schlagowski. Schwungvoll lud der Chor,

der in diesem Jahr sein 120-jähriges Bestehen feiert, in die Gondel ein und brachte mit seinem Kuckuckslied und „viel Stimmung in den Saal. Große Ausstrahlung hatte dieser Chor auch, wie ohne Noten sang. A capella stellten sich die Florian Singers (Udo Hotten) launig swingend vor – der einzige Dortmunder Männer-Meisterchor, die „Harmonie" aus Hörde unter Horst Drewniak hatte danach ein Programm mit anspruchsvollen Sätzen vorbereitet. Ihr kultivierter Gesang lebte vor allem durch dynamische Vitalität.

Ein Lob auf die Flüsse Rhein und Donau stimmte der MGV der VEW (Jürgen Leschkjan. Und traditionell sorgte die große Chorgemeinschaft Jürgen Leschke für einen stimmgewaltigen Ausklang mit Liedern, die auch Show-Qualität hatten.

Den Sängernachwuchs vertraten der MCA music kids Jugendchor unter Elena Kalfitz und die Florian Kids mit ihrer neuen Leiterin Ulrike Dommer. Am 20. Oktober lädt der Sängerkreis zum nächsten Großereignis, zum Herbstball, in den „Freischütz" ein.

21

2   WAZ / A   NUMMER 206   DIENSTAG, 5. SEPTEMBER 2000   **WAZ**

Chor-Gala unterhält mit Humor und Charme

15 Ensembles gestalten im „Freischütz" ein umfangreiches Programm - „Sängerkreis - da steckt Musik drin"

Ein Festival der schönen Stimmen war auch in diesem Jahr die „Gala der Chöre", zu der der DSB-Sängerkreis Dortmund in den Festsaal des „Freischütz" eingeladen hatte.

Kreisvorsitzender Udo Gerks begrüßte die Sängerinnen und Sänger der insgesamt 15 teilnehmenden Chöre und

die erwartungsfrohen Besucher im gut besuchten Saal. NRW-Sängerbund-Präsident Rolf Hauch betonte, dass in den Sängerkreis-Chören lebendige und zukunftsorientierte Arbeit geleistet werde. Er brachte es auf die werbewirksame Kurzformel: „Sängerkreis Dortmund - da steckt Musik drin".

Das sachkundige Publikum bescherte den Teilnehmern

nachhaltige Erfolgserlebnisse. Klassisch gefiel der Männerchor Berghofen (Ernö Zoltan) und setzte mit lautstarkem Hahnenschrei auf Onkel Giacometto humorvolle Akzente. Der Jugendchor MCA music kids (Elena Kaifitz) ließ mit rhythmischer Feinabstimmung in „Unsere kleine Nachtmusik" und „Africa" aufhorchen. Vielseitig gab sich der MGV Nette

(F. Caspar), der sogar tänzerische Ansätze zu „Am Sonntag will mein Süßer mit mir segeln geln" präsentierte. Der gemischte Chor „Silberklang" Berghofermark (M.M. Böhm) bestätigte sein Können mitreißend in „Funiculi, Funicula". Geschlossenen Klang offenbarte der MGV „Harmonie" Eichlinghofen (M.-L. Nieder) auch in ungewohnter stimmli-

cher Aufteilung. Romantisch ausgerichtet, überzeugte der gemischte Chor Dortmund-West (Klemens Koerner) mit Dvorak-Liedern. Der MGV Brackel 1880 (Carsten Schlagowski) und der Männerchor „Harmonie" Hörde, einziger Meisterchor im Sängerkreis, boten die Männerchorliteratur homogen und mit viel Feingefühl. Die Florian Singers (Udo Hotten)

ernteten für ihre Gospel- und Pop-Songs viel Applaus, ebenso wie die Florian-Kids (Ulrike Dommer)

Den krönenden Abschluss bildete die Chorgemeinschaft Jürgen Leschke aus VEW-Chor, MGV Westfalen, MGV Wickede, Werkschor Maschinen und Stahlbau und MGV „Eintracht" Hengsen. Brausender Beifall zum Finale.   -y

kreis Dortmund in den Festsaal des „Freischütz" geladen hatte, unter großem Beifall während des dreistündigen Konzertes 15 Dortmunder Chöre aus den unterschiedlichsten Sparten auf. Das Programm reichte von den MCA music Kids über die Florian Singers bis hin zu dem MGV der VEW Energie AG Dortmund.

Ebenfalls im September 2000 fand – inzwischen zum 10. Mal – das Fredenbaumkonzert des DAS im Fredenbaumpark Dortmund statt. Auch das Fredenbaumprogramm war weit gefächert, so konnten die begeisterten Zuhörer u.a. Barbershop mit den Ladies First und den Bad Boys, einem Programmauszug einiger

DAS KONZERT

DER CHÖRE UND ENSEMBLES

Fredenbaum 2000

Sonntag, 3. September 2000
Fredenbaumpark Dortmund
Beginn: 15:00 Uhr
(ab 14.00 Uhr: Kinderprogramm)

Gefördert durch den
Landesmusikrat Kult. Kunst Land Westfalen e.V.
20 Jahre Landeschorverband NRW

Volkschöre und dem Kinderchor Kleiner Taubenschlag lauschen.

Campus Cantat

Ein weiteres großes Chorereignis, was regelmäßig in Dortmund stattfindet, ist „Campus Cantat". Im Jahre 1985 gründete Willi Gundlach die Internationale Musikwoche Campus Cantat, zu der die Universität Dortmund regelmäßig jeweils vier bis sechs Studentinnen und Studenten aus zahlreichen befreundeten Universitäten einlädt, die gemeinsam mit Studierenden aus Dortmund einen Chor von rund 100 Mitgliedern bilden.

Diese Musikwoche führt die jungen Menschen nicht nur zur gemeinsamen Arbeit, sondern auch zu geselligem Musizieren zusammen. Abends wird in improvisierten Hauskonzerten jeweils eine bunte Folge der verschiedensten Musikbeiträge aus allen Ländern den Teilnehmern dargeboten. In der letzten Phase der Musikwoche kommt dann das ganze Ensemble nach Dortmund, wo die Gäste in Dortmunder Familien beherbergt werden. Von hier aus führen sie auch die Schlußkonzerte durch.

Eine engagierte Chorszene...

Der 1995 gegründete Dortmunder Monteverdi-Junior-Chor (dieser soll Grundstock einer größeren Chorschule bzw. Chorakademie wer-den) hat es sich u.a. zur Aufgabe gemacht, der drohenden Überalterung im Chorwesen entgegen zu treten. Mit einem sehr professionellem Konzept und einem engagierten Team, allen voran Chorleiter Zeljo Davutovic, gelang es dem Chor in wenigen Jahren, zu einem führenden Ensemble in Nordrhein-Westfalen zu werden und im Jahr 2000 den NRW-Wettbewerb „Jugend singt 2000" zu gewinnen. Nachfolgend einige Passagen aus der Selbstdarstellung des Chorprojektes:

„Der Monteverdi-Junior-Chor Dortmund e.V. hat es sich zur Aufgabe gemacht, Kindern, Jugendlichen und jungen Erwachsenen eine regionale Plattform zu schaffen, sich aktiv mit klassischer Musik auseinander zu setzen.
Im Laufe der fast fünfjährigen Arbeit hat sich gezeigt, daß dieses Angebot in einem wesentlich größeren Maße wahrgenommen wird, als ursprünglich angenommen. Das bestätigt die Statistiken, die der Musik als Freizeitgestaltungsmöglichkeit für Kinder und Jugendliche steigenden Zulauf in den letzten Jahren aber auch für die kommenden Jahre bescheinigen. Dennoch, so eine Studie des Verband Deutscher Konzertchöre e.V., steigt das Durchschnittsalter der aktiven Mitglie-

der beständig (1977: 38,9, 1999: 48,6 und prognostiziert für 2006: 50,8), so daß eine „Überalterung" im Chorwesen allgemeinen zu befürchten ist. Die Gewinnung junger Chormitglieder gestaltet sich zunehmend schwierig, da Kinder und Jugendliche das Erlernen eines Instruments dem Chorgesang statistisch vorziehen. Umso mehr sind wir erfreut darüber, diesem Trend in der Region Dortmund entgegensteuern zu können.

Das Konzept des Chores, unseren jungen Mitgliedern nicht nur „klassische", meist sakrale Chorliteratur anzubieten, sondern darüber hinaus „weltliche", moderne und ausgefallene Musikstücke zu erarbeiten und zur Aufführung zu bringen, stößt auf breites Interesse und Anerkennung bei Kindern und Jugendlichen in Dortmund.

Die Mitarbeit am Theater Dortmund seit 1997 bei verschiedenen Opern und Musicals (so u.a. „Hänsel und Gretel", „Tosca", „Kniefall in Warschau", „Evita" und zuletzt in „The Cup") ermöglicht unseren Mitgliedern ein außergewöhnliches Erfolgserlebnis, ist es doch keinesfalls selbstverständlich, daß ein erst

---

Ruhr Nachrichten • Nr. 225
Mittwoch, 27. September 2000

Dortmunder Kultur

Junge Sänger bringen Sieg im NRW-Wettbewerb erstmals nach Dortmund

Goldmedaille für Monteverdi-Junior-Chor

Mit einem schönen Erfolg ist der Monteverdi-Junior-Chor vom NRW-Chorwettbewerb „Jugend singt 2000" Sonntag aus Brilon zurückgekehrt: Die 45 Jugendlichen zwischen 10 und 17 Jahren haben den Sängerwettstreit als erster Dortmunder Chor in der 28-jährigen Geschichte des Wettbewerbs gewonnen. Unter der Leitung von Zeljo Davutovic

haben die jungen Sängerinnen und Sänger bei ihrem 1. Wettbewerb auch Chöre aus höheren Alterklassen auf die Plätze verwiesen. Mit Werken des Renaissance-Komponisten Youll, des baskischen Zeitgenossen Busto und Grieg sowie einem Spiritual haben die jungen Dortmunder Sänger die fünf Juroren überzeugt und wurden einstimmig mit

der Note hervorragend ausgezeichnet. An dem Wettbewerb haben in diesem Jahr 33 Chöre, soviel wie nie zuvor, teilgenommen. Aus Dortmund war auch der Kinderchor „Die Zauberlehrlinge" dabei. In der nächsten Woche unternehmen die Monteverdi Juniors eine zehntägige Tournee durch Italien mit Konzerten in Mailand, Venedig,

Monza, Belluno und Lissone. Unter anderem hat der Chor die ehrenvolle Aufgabe, in San Marco in Venedig und im Mailänder Dom zu singen. In dem 1995 gegründeten Monteverdi-Junior-Chor singen insgesamt 150 Kinder zwischen vier und 20 Jahren. Der Chor freut sich über neue Stimmen und Sponsoren. Infos: ☎ 37 45 43.

Stolz ist der Monteverdi-Junior-Chor auf den Sieg im NRW-Wettbewerb „Jugend singt 2000".

fünf Jahre alter Chor bereits Engagements an einem Theater vorweisen kann. (...)

Die Voraussetzungen für den Aufbau einer umfangreichen Chorschule sind in Dortmund nahezu optimal. Durch die sehr gute Infrastruktur findet man in Dortmund und Umgebung ein Einzugsgebiet vor, in dem mehrere Millionen Menschen leben. Das kulturelle Interesse bzw. die Nachfrage nach hochwertigen „Kulturprodukten" in Dortmund wird stetig größer.

Die Nachfrage nach einer qualitativ hochwertigen Chorausbildung ist nachweislich sehr groß. 150 Kinder sind aus einer Gruppe von etwa fünfhundert Kindern, die einen Eignungstest in Form eines Vorsingens zu absolvieren hatten, in den vergangenen Jahren in den Chor aufgenommen worden.

Zahlreiche Engagements von Theatern und Konzerthäusern decken auch den großen Bedarf nach guten jungen Chor- und Solostimmen auf. Wenn man diesen Kindern die Möglichkeit einer umfangreichen Ausbildung in Form einer Singschule ermöglichen könnte, wäre dies ein entscheidender Impuls für die ganze Chorbewegung in der Stadt und der Region.

Die Entwicklungsdynamik des noch jungen Chores könnte sich auch direkt auf den Aufbau eines Erwachsenen-Ensembles auswirken. Viele junge Eltern und Konzertbesucher erkundigen sich nach geeigneten anspruchsvollen Erwachsenenchören, insbesondere nach Chören in denen eine junge Generation vertreten ist, um ihrerseits sängerisch aktiv werden zu können. Bei einer erfolgreichen Umsetzung dieses Konzeptes (Früherziehung bis Erwachsenenchor) ist mit einer Beteiligung von mehreren Hundert Aktiven an dem Chormodell zu rechnen.

Wenn man die Zahl von Verwandten und Bekannten hinzurechnet, kommt man schnell auf eine vierstellige Zahl von Menschen, die direkt mit Chormusik bzw. mit „klassischer" Musik in Berührung kommen. Nicht mitberechnet ist der Effekt, den Multiplikatoren in diesem Modell noch zusätzlich auslösen. Ein professionell geführter Chor kann sich zu einem wichtigen Prestigeobjekt der Stadt, der Region und des Landes entwickeln (Repräsentation im In- und Ausland)."

Soweit der Auszug aus dem Konzept des Monteverdi-Junior-Chores.

Ein weiteres Highlight der Dortmunder Chorszene sind ohne Zweifel die Florian Singers. Auch in diesem Chor wird die Nachwuchsarbeit sehr wichtig genommen, mit den ebenfalls in diesem Buch vorgestellten „Florian Kids" existiert sogar ein Kinder- und Jugendchor, der auf den „Erwachsenenchor" vorbereitet.

Auch aus der Selbstdarstellung der Florian Singers möchte ich eine längere Passage zitieren:

„Es war ein tolles Erlebnis, mit Chris de Burgh in der restlos ausverkauften Westfalenhalle zu singen", freute sich Udo Gerks, der 1. Vorsitzende der Florian Singers. Lob gab es von allen Seiten. „Das war der beste Chor, den wir auf der Tour bislang hatten", bescheinigte Peter Oxendale, musikalischer Leiter des irischen Pop-Stars, den „Florian Singers" eine exzellente Leistung. Bombenstimmung in der Halle, als de Burgh zusammen mit dem Chor zu „Riding on a Rainbow" oder auch „High on Emotion" ansetzte.

Bei dem ersten Leistungssingen für Jazz, Pop und Gospel-Chöre in der Siegerlandhalle in Siegen erhielten die Florian Singers im März 1999 den Titel „Leistungschor" des Sängerbundes NRW. Alle vier a-capella vorgetragenen Chorsätze der Dortmunder Singers wurden von der Fachjury mit der Höchstnote „sehr gut" bewertet. Die Florian Singers gehören damit zu den besten Chören im Landesverband des DSB. Nur fünf von den 21 angetretenen Chören erzielten dieses Ergebnis.

Vor drei Jahren gewannen die Singers den 2. Preis beim Landes-Chorwettbewerb NRW in der Kategorie „Jazz vocal et cetera".

Als sich im Jahr 1966 eine Gruppe Jugendlicher zu einem Chor zusammenschloß, ahnten sie noch nichts von solchen Erfolgen. Die „Florian Singers Dortmund e.V." hatten sich etwas Besonderes vorgenommen; Sie wollten zwar gemeinsam singen, aber nicht die traditionelle, sondern moderne Chormusik.

Mittlerweile sind die 35 Sängerinnen und Sänger des gemischten Chores nicht mehr ausschließlich im jugendlichen Alter. Doch die Musik ist jung geblieben. Das beweist ein Blick auf das Repertoire des Chores. Die Gruppe singt Swing und Jazz, Gospels und Spirituals, Pop und Rockballaden, teilweise von Chorleiter Udo Hotten selbst arrangiert. Die Stükke werden a capella, mit Klavier- bzw. mit Halbplayback-Begleitung dargeboten.

Der Chor veranstaltet jedes Jahr im Herbst ein eigenes Konzert, traditionellerweise in der Aula am Ostwall in Dortmund. Insgesamt bestreiten die Singers mindestens 20 Auftritte jährlich. Der Chor hatte 1999 ein Rekordjahr mit 31

Auftritten. Zu hören sind sie bei Konzerten, Festakten, Tagungen, Stadtfesten, zum Beispiel auf dem Alten Markt in Dortmund, auf Weihnachtsmärkten, bei Open-Air-Festivals, bei kirchlichen Trauungen und Feiern jeglicher Art. Auch bei Sendungen im Rundfunk und Fernsehen haben sie schon mitgewirkt, ebenso wie bei Tonträgeraufnahmen im Studio.

Besonderes Engagement zeigen die Organisatoren in der Auslandsarbeit. Kontakte nach Australien, England, Holland, Dänemark, Norwegen, Israel, Kanada, Slowenien und Ungarn bestehen bereits. Dort haben die „Florian Singers" gastiert und natürlich auch ihre Partnerchöre in Dortmund aufgenommen. Bei gemeinsamen Konzerten hat man Gelegenheit sich kennenzulernen. Im Moment nimmt der Chor Verbindung nach USA auf. Die Verbindung mit dem Leeds Girls' Choir aus England besteht nun schon seit 1969. Sie wird durch regelmäßige Austauschbesuche und gemeinsame Konzerte gepflegt. In diesem Jahr findet der 18. Austauschbesuch statt. Diese Verbindung zweier europäischer Chöre ist in dieser Form einzigartig."

Soweit zu den Aktivitäten der Florian Singers.

Dortmund: Hauptstadt des Barbershop-Gesangs

Ein weiterer Umstand macht Dortmund zu einer wichtigen Chorstadt: Dortmund ist die deutsche Hauptstadt des Barbershop-Gesangs, nicht ohne Grund fand im Jahre 1998 das 4. Deutsche Barbershop Musikfestival in Dortmund statt.

„BAD Boys", „Barbershop Bubbles" und „Ladies First" stehen für professionelle, choreographisch ausgefeilte Darbietung auf sehr hohem Niveau, die genannten Chöre haben schon unzählige Preise im Barbershopbereich „eingeheimst", „Ladies First" sind z.B. fünfmaliger Deutscher Barbershop Chorchampion (1993, 1994, 1996, 1998 und 2000).

Diese kurze Zusammenstellung zum Chorwesen in Dortmund konnte natürlich nur einen Ausschnitt der bunten Dortmunder Chorgeschichte und Chorlandschaft darstellen. Ich bin aber sicher, daß eines deutlich wurde: Singen in Dortmund macht mehr Spaß denn je, wer noch in keinem Chor mitsingt, sollte sich schnell auf die Suche machen!

gemischte Chöre

Cappella Tremoniensis

Stimmaufteilung:
S1+2, A1+2, T1+2, B1+2

Beitrittsbedingungen: Notenkundig, Engagement, stimmliche Eignung

Chorbeitrag: kein Beitrag, Kosten entstehen für Noten, Verpflegung an Probenwochenenden, evtl. Übernachtung

Kontaktadressen:
Ansgar Kreutz
Tel. 02581 /63 46 80;

Sabine Föster
Tel. 0231 / 83 09 31;
Timo Leuders
Tel. 0201 / 7 22 05 53

Probe: an Wochenenden, meist in Dortmund oder Umgebung, jährlich 6 - 10 Konzerte in ganz NRW, auch Reisen.

Diskographie: Chorportrait mit a cappella Musik (Konzertmitschnitt); „Verleih uns Frieden", Musik zum Westf. Frieden von 1648 (Konzertmitschnitt).

D er Kammerchor *cappella tremoniensis* ist kein wöchentlich probender Chor, sondern ein Ensemble, das sich an ca. sechs bis acht Wochenenden im Jahr trifft, um zu proben und Konzerte zu geben.

Die *cappella* ist stets auf der Suche nach der etwas ungewöhnlicheren Chormusik, deswegen ist das Repertoire besonders in der alten Musik um 1600 und in der Musik unserer Zeit angesiedelt. Auch Uraufführungen hat die *cappella* machen können. So hat der Komponist Tilo Medek dem Chor 1999/2000 einen Zyklus „Die Weltsichten des Jesus Sirach" gewidmet.

Der Name des Chores leitet sich her von der latinisierten Version des Namens Dortmund = Tremonia. Der Chor

hat sich im Herbst 1992 gegründet, die altertümliche Form des Namens, will auch zurückgreifen auf vorindustrielle kulturelle Traditionen einer der größten Industriestädte Deutschlands. Der Chor setzt sich zusammen aus etwa 25 meist jungen Sängerinnen und Sängern. Viele Choristen haben eine musikalische Ausbildung an der Musikhochschule oder an der Universität in Dortmund oder Münster erhalten, oder sie sind musikalisch versierte und ambitionierte Amateure. Ein wesentlicher Schwerpunkt ist die stimmbildnerische Arbeit im Chor, so ist der Chor bekannt für seine klangschönen und ausdrucksstarken Interpretationen von Chormusik aller Epochen. Die *cappella tremoniensis* hat zahlreiche Konzerte in Dortmund und

in verschiedenen Städten Nordrhein-Westfalens gegeben, außerdem erhielt er Einladungen nach Göttingen, Frankfurt, sowie in den Schwarzwald und ins Saarland.

Im Repertoire des Chores sind Werke aus allen Jahrhunderten zu finden. Die *cappella tremoniensis* hat sich als Kammerchor in der Interpretation „Alter Musik" bereits einen Namen gemacht. Der WDR machte Aufnahmen mit der *cappella tremoniensis* mit motettischen Sätzen der Romantik und der Moderne. Desweiteren wirkte der Chor mit beim Dortmunder Musikfest 2000 und der Konzertreihe „Klangzeiten – Zeitklänge" anläßlich der 800 - Jahrfeier der Stadt Warendorf u.a. mit Carl Orffs *Carmina burana* und einer *Vespermusik 1600*.

Ansgar Kreutz wurde 1965 in Soest geboren, wuchs auf in Recklinghausen, studierte Kirchenmusik, Tonsatz, Orgel, Improvisation und Chor- und Orchesterleitung in Dortmund und Utrecht (NL), außerdem erhielt er eine Gesangsausbildung bei Prof. Maria Friesenhausen, Bochum. Ansgar Kreutz gewann beim Wettbewerb „Jugend komponiert" in der Sparte Improvisation einen 1. Preis, er ist auf mehreren CDs als Solist zu hören. Er ist als Sänger, Dirigent, Komponist, Cembalist und Organist tätig. Verschiedene Fachzeitschriften veröffentlichten Beiträge von ihm. Ansgar Kreutz ist Kantor an St. Marien in Warendorf, daneben leitet er einen Philharmonischen Chor in Oelde.

Chor Clamott'

gemischter Chor

Stimmaufteilung:
SATB

Beitrittsbedingungen: zwei Monate Probezeit, Freude an Bewegung; gerne auch Stepptänzer

Chorbeitrag:
DM 20.- monatlich

Kontaktadressen:
Thomas Schulze (VS)
Tel.: 0231 / 51 38 84;
Christine Kluge (Gesch.führerin)
Tel.: 02304 / 94 36 94

Probe: Luise-Elias Zentrum (Musikschule), Wuckenhof, Schwerte, dienstags von 20.00 bis 22.00 Uhr

E-Mail: c.kluge@rrab.de

Der Chor Clamott' präsentiert Schlager und Evergreens der 20er bis 60er Jahre. Die Truppe um den jungen Pianisten und Chorleiter Björn Mühlen greift tief in die Klamottenkiste, bevor sie die Bühne betritt. Bunt und schillernd wie die Welt der Revuen – der Name ist Programm. Die in Schwerte bekannte Musikerin Sieglinde Benfer war es, die den Chor 1987 aus der Taufe hob und ihm seine Prägung gab. Aus gesundheitlichen Gründen mußte sie die Chorleitung aufgeben. Mit Björn Mühlen hat der Chor einen engagierten Nachfolger gefunden.

Die Show des Chores ist ebenso bunt wie sein Outfit. Es wird getanzt, gesteppt, gespielt und natürlich gesungen. Es gibt volle Chorklänge, Soli, Duette, Terzette, Quartette, Quintette und Medleys. Zur Stimmung gehören ein bißchen Nostalgie, eine Prise Spaß und natürlich viel Herz.

Denn die Liebe steht bei Schlagern – gestern wie heute – im Vordergrund. „Ich werde jede Nacht von Ihnen träumen", „Irgendwo auf der Welt gibt's ein kleines bißchen Glück" oder „Das gibt's nur einmal", das sind nur einige der interpretierten Titel, bei denen es um die Liebe geht. Der Humor kommt in Liedern wie „Mein Gorilla hat ´ne Villa im Zoo" oder „Ohne Krimi geht die Mimi nie ins Bett" nicht zu kurz. Auch wenn das Programm wechselt, ein Klassiker ist nach 13 Jahren immer noch dabei: „Mein kleiner grü-

ner Kaktus" hat sich zum Markenzeichen entwickelt.

Der Chor Clamott' ist auf Stadtfesten und in Clubs vertreten, spielt aber auch zu privaten Gelegenheiten wie Betriebsfesten oder Geburtstagen. Die größten Erfolge feierte der Chor bisher mit den eigenen Revuen im Schwerter Giebelsaal. Die vier Auftritte unter dem Titel „Abends, wenn die Lichter glüh´n" im Januar 1999 im Giebelsaal waren restlos ausverkauft. Z. Z. arbeiten die 18 Chormitglieder an einem neuen Programm. Bis zu dessen Premiere dauert es aber noch ein Weilchen und bis dahin sind Ausschnitte aus dem alten und Teile eines neuen Programms zu sehen und hören.

collegium vocale dortmund

gemischter Kammerchor

Stimmaufteilung:
S 1+2, A 1+2, T 1+2, B 1+2

Beitrittsbedingungen:
individuell, nach Absprache mit
dem Chorleiter

Kontaktadressen:
Renate Schulze-Grothe (VS)
Tel.: 0231/733768
Annette Wiemann (Gschf.)
Tel.: 0231/136056
Norbert Staschik (CL)
Tel.: 0231/7212561
e-mail: n.staschik@t-online.de

Chorbeitrag:
Einzelpersonen DM 20.- mtl.
Paare DM 30.- mtl.
Schüler/Stud. DM 10.- mtl

Probe: Aula der Schubert-
Grundschule, Am Hombruchs-
feld 55 b, 44225 Dortmund,
dienstags von 20.00 bis 22.00
Uhr

Im Jahr 1976 gründeten erfahrene SängerInnen aus Nordrhein-Westfalen das collegium vocale dortmund mit dem Ziel, sich vorrangig der a-capella-Chormusik zu widmen.

Mit Programmen weltlicher und geistlicher Chormusik aus allen Epochen von der Renaissance bis zur zeitgenössischen Musik hat sich das „collegium vocale dortmund" im Lauf der Jahre ein breitgefächertes Repertoire erarbeitet. Stilistisch reicht das musikalische Spektrum von den Chansons und Madrigalen des 16. und 17. Jahrhunderts über die klassisch-romantische Chormusik bis hin zu Werken des Jazz und der Neuen Musik.

Der Chor präsentiert seine Programme auf vielfältige Weise der Öffentlichkeit: Neben regelmäßigen Konzerten in Dortmund und Umgebung unternimmt das „collegium vocale" etwa alle zwei Jahre längere Konzertreisen ins europäische Ausland (Amiens/Frankreich 1980, Tschechoslowakei 1982, Ungarn 1984, Leeds/England 1989, 1992, 1996, Straßburg/Frankreich 1998). Im Rahmen dieser Auslandsaufenthalte pflegt das „collegium vocale dortmund" zudem Partnerschaften mit anderen Chören. So knüpfte der Chor anlässlich der Dortmunder Kulturtage mit Großbritannien 1989 enge freundschaftliche Kontakte zum „City of Leeds College of Music Chamber Choir" und führte sechs Begegnungen in Leeds und Dortmund durch. Das „collegium vocale dortmund" hat diverse Rundfunkaufnahmen realisiert und ist erfolgreich bei nationalen und

internationalen Chorwettbewerben aufgetreten. So nahm der Chor zuletzt 1993 und 1997 jeweils mit gutem Erfolg am 4. und 5. Landes-Chorwettbewerb Nordrhein-Westfalen teil. Im November 1986 engagierte der Chor Norbert Staschik, Kantor an St. Nicolai in Dortmund, als künstlerischen Leiter. Norbert Staschik ergänzte das Repertoire des Chores insbesondere um Oratorien („Weihnachtsoratorium" u. „Magnificat" v. Bach, „Requiem" und „Vesperae solemnes" v. Mozart) sowie Chorwerke mit Orgel- oder Klavierbegleitung. Außerdem nahm Norbert Staschik Werke der Jazzmusik ins Programm auf und initiierte Kooperationsprojekte mit verschiedenen Instrumentalensembles wie dem Frank-Wunsch-Trio und dem Ensemble D.

Norbert Staschik, 1960 in Dortmund geboren, studierte Kirchenmusik an der Hochschule für Musik Detmold, Abteilung Dortmund, mit dem Abschluss A-Examen. Seit 1976 arbeitete er als Chorleiter und Organist. Seine zunächst nebenamtliche Kirchenmusikerstelle an St. Nicolai wurde 1991 zur hauptamtlichen Kantorenstelle erhoben und er als erster Kantor gewählt. 1995 wurde er zum Kreiskantor des Kirchenkreises Dortmund-Mitte ernannt. Seit 1986 ist Norbert Staschik künstlerischer Leiter des collegium vocale dortmund e.v.

dacapo

gemischter Chor

Stimmaufteilung:
SATB

Beitrittsbedingungen:
Der Beitritt wird jeweils
individuell bestimmt. Anzahl ist
auf 12 Sängerinnen und Sänger
begrenzt.

Chorbeitrag:
kein Beitrag

Kontaktadresse:
Thomas Fischer
Tel. 02306/51613

Probe: einmal im Monat, kein
fester Termin

Diskographie: 1994: von dacapo
produzierte CD mit geistlicher
Chormusik aus vier Jahrhunderten; 1995 brachte *Dance Street
Records* zwei CDs unter Mitwirkung von dacapo heraus:
Trance Opera, Debut und *Trance
Opera, Da Capo;* 1996 Vokalpart
für den Soundtrack der Revue
„Asterix on Ice"; 1998 CD mit
dem Titel „keep smiling"

dacapo ist ein junges Live-Vokal
ensemble, das aus jeweils sechs
Sängerinnen und Sängern besteht. Alle
verfügen über eine Gesangsausbildung
und langjährige Erfahrung in Chor- und
Sologesang. Der Salzburger Domchor,
der Madrigalchor Münster, der Kammerchor der Universität Dortmund sind
nur einige Stationen der einzelnen
Sängerinnen und Sänger.
Einen Chorleiter im klassischen Sinne
gibt es nicht. Interpretationen und
Repertoire werden oftmals äußerst
kontrovers diskutiert und erarbeitet.
Ein Ensemble dieser Größe und Besetzung ins Leben zu rufen, entsprang
dem Bedürfnis nach einer bis ins De-
tail reichenden schlüssigen musikalischen Interpretation. Das Ensemble
bietet damit musikalische Erlebnisse,
die sich durch sprachliche Präzision,
klare melodische Linienführung und
klangliche Homogenität auszeichnen.
Werke aus Renaissance, Barock und
Romantik bis zur Moderne werden
ebenso souverän zur Aufführung gebracht wie Stücke aus den Musik-
richtungen Spiritual, Jazz, Revue oder
Pop.
In der Gestaltung der Konzertpro-
gramme werden mit diesem Repertoire
Werke unterschiedlicher Zeiten und
Stile nebeneinander und gegeneinan-
der gestellt. Über die Bildung von
Kontrasten und das Herausarbeiten
von Reibungspunkten werden ver-
meintliche Gegensätze aufgelöst und
neue, ungewohnte Bezüge können
entstehen. Ein Beispiel für die Be-
schreitung unkonventioneller Wege ist

- in Zusammenarbeit mit den Musikern von Trance Opera - der Versuch einer musikalischen Verbindung von klassischen Chorwerken mit Stilelementen der Techno-Musik. Das Publikum hat dieses Konzept beim Besuch zahlreicher Konzerte im ganzen nordwestdeutschen Raum stets nachvollzogen und begeistert mitgetragen.

Im Oktober 1997 war dacapo 1. Preisträger im Landeschorwettbewerb NRW in der Sparte „jazz vokal".

keine Chorleitung, Sängerinnen und Sänger erarbeiten das Repertoire eigenständig

Dortmunder Kammerchor

gemischter Chor

Stimmaufteilung:
SATB

Beitrittsbedingungen:
Nach vier bis fünf Chorproben
Vorsingen im Quartett in
Anwesenheit des Vorstandes
und der Chorleiterin.

Chorbeitrag:
DM 100.- jährlich

Kontaktadresse:
Johannes Krieger
Tel.: 0231 / 27 15 61

Probe: montags von 20.00 bis
22.00 Uhr, eine zweitägige
Chorfreizeit jährlich

Internet:
http://www.chor.de

Der Dortmunder Kammerchor wurde im Juni 1946 von Emil Rabe (*1920) als gemischter Chor gegründet. Obwohl es im zerbombten Nachkriegs-Dortmund an heizbaren Probenräumen fehlte und Papier für Notenmaterial, Plakate sowie Eintrittskarten nur gegen Altpapier zu bekommen war, veranstaltete der Chor bereits im Gründungsjahr sein erstes Konzert.

Neben zahlreichen örtlichen Veranstaltungen bewies der Dortmunder Kammerchor auch bei Auslandsbesuchen sein musikalisches Können. Bei seiner ersten Auslandsreise, die auf Einladung des Auswärtigen Amtes angetreten wurde, gewann der Dortmunder Kammerchor bei einem Internationalen Chorwettbewerb in Cork (Irland) den „Großen Preis der Republik Irland".

Viermal errang der Dortmunder Kammerchor den Titel „Meisterchor des Sängerbundes NRW".

Nach 46 Jahren musikalischer Leitung übergab Emil Rabe das Dirigentenamt an Herbert Grunwald (*1945). Er setzte die Tradition „von Johann Sebastian Bach bis Andrew L. Webber" fort. Aus beruflichen Gründen mußte Herr Herbert Grunwald zum großen Bedauern der Chormitglieder im Oktober 2000 die Leitung als Dirigent des Dortmunder Kammerchors aufgeben. Er hat den Chor acht Jahre lang erfolgreich dirigiert und in dieser Zeit ein breites Liedgut erarbeitet. Als Höhepunkte in diesen Jahren seien hier neben den Chorreisen nach Spanien und Kanada das Konzert in der Marienkirche am 5. November 1995 anläßlich des 75. Ge-

© Foto: Flash'n Frame, Dortmund

burtstags des Chorgründers und Ehrendirigenten Emil Rabe sowie das Konzert im Rathaus am 2. Juni 1996 zum 50-jährigen Bestehen des Dortmunder Kam-merchores erwähnt.

Herbert Grunwalds Ehefrau Margitta Grunwald ist die neue Chorleiterin des Dortmunder Kammerchores.

Die Leitung des im Jahre 1979 aus Mitgliedern des Dortmunder Kammerchores gegründeten Glockenchores liegt nach wie vor in den bewährten Händen von Emil Rabe.

Margitta Grunwald studierte an der Musikhochschule in Dortmund Ak-kordeon sowie Blockflöte und legte ihre künstlerische Reifeprüfung in Blockflöte ab. Ihre Erfahrungen in Stimmbildung vervollständigte sie durch mehrere Seminarbesuche in der Schweiz sowie in Wolfenbüttel. Im Jahre 1991 gründete sie den gemischten Chor „Provokal", der heute etwa 30 aktive Mitglieder zählt. Ihre Vorlieben gelten Madrigalen, klassischen Werken, Musicals und internationalem Liedgut. Frau Margitta Grunwald ist für den Dortmunder Kammerchor keine Unbekannte. Bei mehreren Chorfreizeiten wirkte sie als Stimmbildnerin mit und sprang bei terminlichen Engpässen auch schon als Chorleiterin ein.

Dortmunder Kantorei

gemischter Chor

Stimmaufteilung:
SATB

Beitrittsbedingungen:
Notenkenntnisse und Chor-
erfahrung

Chorbeitrag:
kein Beitrag

Kontaktadresse:
Ruth Jürging
Tel.: 0231 / 41 23 35

Probe: Gemeindehaus der ev.
St. Mariengemeinde, Kleppingstr. 5, Dortmund-Mitte, dienstags von 20.00 bis 22.00 Uhr

Diskographie: u.a.: „Johannespassion" von Thomas Selle (LP
1984); „Der Tageskreis"
(Chorlieder, LP 1986)

Die Dortmunder Kantorei wurde im November 1947 aus dem damaligen Chor der „Westfälischen Landeskirchenmusikschule, Herford, Abteilung Dortmund" als übergemeindlicher, gemischter Chor gegründet. Die Geschichte der Dortmunder Kantorei ist fest mit dem Engagement des Chorgründers G. Trubel verknüpft. Das Leitmotiv „Soli Deo Gloria" (Allein Gott die Ehre) war sowohl für den Chorleiter als auch für die Sängerinnen und Sänger eine herausfordernde Mischung aus Bescheidenheit/Demut und der Bereitschaft zu bestmöglicher Leistung. Die Ergebnisse der regelmäßigen, konzentrierten Proben wurden denn auch bald zu kirchenmusikalischen Ereignissen in Dortmund. Die Kantorei gestaltete Abendmusiken -vornehmlich a

capella - aber auch geistliche und weltliche Konzerte unter Mitwirkung verschiedener Instrumentalisten. In der Arbeit der Kantorei wechseln bis heute klassische kirchenmusikalische Werke mit modernen zeitgenössischen. Besonders G. Trubel hat in gelungener Weise durch seine eigenen Kompositionen (z.B. „Die Seligpreisungen", „Das Hohe Lied der Liebe", „Stationen der Passion") zeitgenössische musikalische Elemente in die geistliche Musik eingebracht. Rundfunk- und Schallplattenaufnahmen verbreiteten den guten Ruf der Kantorei weit über die Grenzen der Stadt Dortmund hinaus.

Wurden die Abendmusiken und geistlichen Konzerte nach dem Krieg zu-

nächst in der Notkirche der evangelischen St. Petri-Gemeinde in der Luisenstraße gestaltet, so hat die Kantorei seit 1968 ihre „Heimat" in der evangelischen St. Marien- Gemeinde, in deren Gemeindehaus sie regelmäßig probt, und in deren Kirche die Konzerte stattfinden.

In der Dortmunder Kantorei singen gegenwärtig 32 Sängerinnen und Sänger. Die Vorhaben der nächsten Zeit sind die Erarbeitung der „Lutherischen Messe in g-moll", die Kantate „Aus der Tiefen rufe ich, Herr, zu dir", beide Werke von J.S. Bach, und verschiedene kirchenmusikalische Werke der Romantik. Von Zeit zu Zeit wirkt die Kantorei ebenfalls bei der Gestaltung von Gottesdiensten mit.

Chorleitung
Ruth Jürging

Die Kantorin Ruth Jürging leitet den Chor seit 1986. Sie ist Absolventin der Westfalischen Landeskirchenmusikschule Herford, seit 1966 hauptamtliche Kantorin der Kirchengemeinde Dortmund Hörde und Kreiskantorin des Kirchenkreises Dortmund Süd. Zu den Höhepunkten ihrer Arbeit mit der Dortmunder Kantorei gehören die Aufführung der „Stationen der Passion" von G. Trubel am 12.03.1995 und die vielbeachtete Wiedergabe der „Johannespassion" von J. S. Bach am 2. April 2000 in der St. Marienkirche. Diese Aufführungen waren gekennzeichnet durch ein hohes künstlerisches Niveau und durch spirituelle Dichte.

Dortmunder Musikverein Philharmonischer Chor e.V.

gemischter Chor

Stimmaufteilung:
SATB und weitere Teilungen

Beitrittsbedingungen: Musikalische Grundkenntnisse und Notenlesen sind Voraussetzung

Chorbeitrag: aktive Mitglieder zahlen einen Jahresbeitrag von DM 120.-

Kontaktadresse: Dortmunder Musikverein Geschäftsstelle, Tel. 0231 /1 62 92 11

Probe: Chorsaal des Opernhauses, montags von 18.00 bis 20.00 Uhr; zusätzliche Stimm- und Sonderproben

Internet: www.vipro-classic.de; E-Mail: dortmunder musikverein@vipro-classic.de

Diskographie: 1. F. Liszt Christus Oratorium; 2. Ch. W. Gluck Orefeo ed Eurice; 3. Galakonzert anl. des 150-jährigen Bestehens des Dortmunder Musikvereins; 4. Berlioz Grande Messe des Morts

Der seit 1845 bestehende Verein ist die älteste musikalische Institution der Stadt Dortmund. Der Musikverein pflegt neben der klassischen und modernen Oratorienliteratur auch konzertante Opernaufführungen. Im kammermusikalischen Bereich wird besonders die vokale - und instrumentale Musik der Klassik und Romantik gepflegt und ausgewählte Kostbarkeiten dieser Literatur vorgestellt. Ein weiterer Schwerpunkt ist die Musikreihe der Komponistenportraits, bei denen die wichtigsten Komponisten des 18. bis 20. Jahrhunderts präsentiert werden.

Der Philharmonische Chor besteht aus ca. 120 aktiven Sängerinnen und Sängern. Jährlich werden vier Konzerte veranstaltet und es besteht eine eigenen Konzertreihe. Der musikalische Leiter ist Heinz Panzer, Dr. Gerhard Kramer ist 1. Vorsitzender. Das Philharmonische Orchester Dortmund ist ständiger Partner der Musikvereinskonzerte.

In seiner langjährigen Geschichte hat der Dortmunder Musikverein mit vielen berühmten Dirigenten und Solisten gearbeitet und ein umfangreiches Repertoire erworben, das von der Vorklassik bis zur Musik der Gegenwart reicht.

Die Mitgliedschaft im Dortmunder Musikverein kann nach kurzer Probezeit von jedem für die Musik aufgeschlossenen Interessenten beantragt werden. Musikalische Grundkenntnisse und Notenlesen sind Vorausset-

zung. Eine Stimmschulung erfahren die Mitglieder durch professionelle Ausbilder. Es sind daher alle Interessenten, die über eine natürliche Stimmbegabung verfügen, herzlich willkommen.

Heinz Panzer

Heinz Panzer war von 1950 bis 1992 Dirigent an der Dortmunder Oper. Sein Repertoire umfaßt über 100 Bühnenwerke. Seit 1992 ist er Ehrenmitglied der Oper Dortmund. Heinz Panzer verfügt ebenso über ein umfangreiches Konzertrepertoire[5] und konzertiert mit internationalen Solisten. Von 1957 bis heute ist er musikalischer Leiter des Chores des Dortmunder Musikvereins, mit dem er alle großen Requien, Messen, Oratorien und konzertanten Opern aufführt. Auch die Platten- und CD- Einspielungen, sowie Fernsehauftritte, zeigen seine musikalische Bandbreite. Heinz Panzer gehört zu den wenigen Dirigenten, die sich nicht als Spezialisten einer Musikgattung verpflichtet fühlen, sondern nur ein Ideal kennen, eine gute Musik werkgetreu zu interpretieren.

43

Dortmunder Oratorienchor e.V.

gemischter Chor

Stimmaufteilung:
SATB und weitere Teilungen

Beitrittsbedingungen:
nach 2-3maligem Mitsingen
erfolgt eine Stimmberatung;
Notenkenntnisse nicht zwingend erforderlich, aber
ausgesprochen willkommen

Chorbeitrag:
monatl. DM 13.-; Familienmitglieder DM 8.-; für Schüler,
Studenten, Auszubildende auf
DM 5.- ermäßigter Chorbeitrag
u. kostengünstiges bzw. freies
Notenmaterial

Kontaktadressen:
Dr. Thorsten Ziebach (VS)
Tel.: 0231 / 16 52 78;
Schriftführerin Elke Ratsch
Tel.: 0231 / 14 88 64

Probe: außerhalb der Ferien
donnerstags von 19.30 bis
21.30 Uhr, ev. St. Marien-
Gemeindehaus, Kleppingstr. 5,
44135 Dortmund – bei Bedarf
Zusatzproben auch an Wochenenden und an anderen Orten

Internet:
http://www.dortmunder-
oratorienchor.de

Der Dortmunder Oratorienchor feierte 1999 sein 100jähriges Bestehen. Gegründet 1899 unter dem Namen „Lehrer-Gesangverein Dortmund", brachte es der damals reine Männerchor in den 30er Jahren auf 250 Sänger. Nachdem während des II. Weltkriegs die sängerische Tätigkeit einschneidende Veränderungen erfahren hatte und schließlich mit der Zerstörung Dortmunds völlig zum Erliegen gekommen war, fanden sich 1946 wieder einige Sänger zusammen. 1957 wurde beschlossen, den Männerchor zu einem gemischten Chor zu erweitern. Dieser änderte seine Bezeichnung zunächst in „Dortmunder Lehrerchor e.V."; 1986 nahm der Chor seinen heutigen Vereinsnamen DORTMUNDER ORATORIENCHOR e.V. an. Der Chor gehört dem VDKC (Verband deutscher Konzertchöre) an und zählt über 100 aktive Mitglieder.

Chorleiter ist seit 1975 Reinhart Weiß. Unter der Leitung des auch als Kapellmeister erfahrenen Dirigenten brachte der Chor neben Madrigalen, Kantaten und Liedern viele der größeren Werke alter und neuer Meister zur Aufführung. Weiß' freundschaftlich-kollegialer Kontakt mit dem Konzertpianisten Rainer Klaas führte ab 1995 zu dessen unterstützendem Mitwirken als Korrepetitor.

Wenn die stimmliche Besetzung es nahelegt, kooperiert der Dortmunder Oratorienchor neben anderen Chören gern mit dem Musikverein Unna, der ebenfalls unter der musikalischen Leitung von Reinhart Weiß steht.

Die großen Konzertaufführungen der letzten Jahre waren: „Die Schöpfung" (Haydn); „Elias" (Mendelssohn-B.); „Nelson-Messe" (Haydn); „Messa di Gloria" (Puccini); „Te Deum" (Bizet); „The Messiah" (Händel); „Gloria" (Poulenc); „Lobgesang Symph. Nr. 2" Mendelssohn-B.); „Carmina Burana" (Orff); „Requiem" (Verdi).

Für 2001 sind die „Petite Messe Solennelle" (Rossini) und „Paulus" (Mendelssohn-B.) geplant, für 2002 die „Johannespassion" (Bach).

Der Chor schätzt sich glücklich, seit fast 30 Jahren Gast im ev. St.-Marien-Gemeindehaus sein zu dürfen; ebenso dankbar ist er für die finanzielle Unterstützung des Förderer-Kreises.

Neben dem Singen pflegt der Chor viele gesellige Aktivitäten.

Reinhart Weiß

Chordirigent Reinhart Weiß gehört dem Musikrat des VDKC an. Er ist Jury-Mitglied bei nationalen und internationalen Wettbewerben und war selbst mehrfach Preisträger (u.a. in Tolosa und beim deutschen Chorwettbewerb).

Konzertpianist Rainer Klaas korrepetiert am Flügel.

Dortmunder Schubert-Chor

gemischter Chor / Frauen- und Männerchor

Stimmaufteilung:
Frauenchor: S1+2, A1+2
Männerchor: T1+2, B1+2

Beitrittsbedingungen:
Notenkenntnisse sollten
vorhanden sein; auftretende
Probleme zur Eignung und
Musikalität des Chormitglieds
werden von Fall zu Fall in
einem persönlichen Gespräch
geklärt

Chorbeitrag: DM 15.- monatlich

Kontaktadressen: Frauenchor:
Annegret Bergmann (VS)
Tel.: 0231 / 67 15 54
Männerchor:
Heiner Canisius (VS)
Tel.: 0231 / 57 34 92

Probe: im Kolpinghaus Dortmund, Silberstraße; Frauenchor: montags 18.00
bis 20.00 Uhr, Männerchor
von 20.00 bis 22.00 Uhr.

Im Jahr 1900 gründeten sangesfreudige Männer den Östlichen Männergesangverein, den heutigen Dortmunder Schubert-Chor.

1986 setzte der Schubert-Chor die An-
regung seines damaligen Leiters Gerhard Rabe, den Männerchor mit einem
Frauenchor zu ergänzen, in die Tat um
und gründete den Frauenchor.
Der Optimismus der Gründer wurde
belohnt: Ca. 30 Frauen gehören heute dem Chor an, der sich zu einem immer wieder gern gehörten und in Mu-
sikkreisen anerkannten Klangkörper
entwickelt hat. Auftritte des Frauenchores und gemeinsame Liedvorträge
des Frauen- und Männerchores sind
feste Bestandteile der Konzertpro-
gramme geworden.

1995 vertraute sich der Schubert-Chor
seinem bisher jüngsten Dirigenten an:
Christian Parsiegel. In den vergangenen fünf Jahren hat Parsiegel mit dem
Chor eine Reihe Chor- und Orchester-
werke erarbeitet, wie z. B. die Missa
brevis von Joseph Haydn, die Weihnachtsgeschichte von Arnold Melchi-
or Brunckhorst und die Messen in G-
Dur und C-Dur von seinem Namensgeber Franz Schubert, dessen Musik
und in besonderem Maße auch seinen
kleineren, seltener aufgeführten Werken die besondere Liebe und Aufmerksamkeit des Chores gilt.
Die Konzerte unter der Leitung von
Christian Parsiegel wurden von den
Zuhörern in den Konzerten stets begeistert aufgenommenen. Nicht nur
mit den beiden traditionellen Konzer-

ten im Frühjahr und am 23. Dezember in der stets überfüllten Petrikirche erfreut der Schubert-Chor sein Publikum - einen wichtigen Stellenwert nimmt für die Sänger auch das Engagement für wohltätige Zwecke ein, das eine lange Tradition hat.

Das Bestreben des Chores ist es, ein ausgeprägtes, leistungsbezogenes Chorsingen zu pflegen. Es umfaßt alle Stilelemente der Chormusik und reicht vom schlichten Volkslied über die geistliche Musik bis zu anspruchsvollen Kunstliedern. Neben der Chorarbeit bleibt auch noch Zeit, die Geselligkeit bei verschiedenen Anlässen und Veranstaltungen zu pflegen, um dadurch das Gefühl der Zusammengehörigkeit zu fördern und zu festigen.

Chorleitung

Christian
Parsiegel

Christian Parsiegel übernahm den Dortmunder Schubert-Chor im Jahre 1995.

47

Gem. Chor der AWO Dortmund-Wichlinghofen

gemischter Chor

Stimmaufteilung:
SATB

Kontaktadresse:
Manfred Fregin
Tel.: 0231 / 46 06 61

Beitrittsbedingungen:
keine

Probe: Begegnungsstätte der Arbeiterwohlfahrt, Vinklöther Mark 4, Dortmund, mittwochs von 18.00 bis 19.30 Uhr

Chorbeitrag:
Mitgliedsbeitrag zur Arbeiterwohlfahrt

Im Sommer des Jahres 1981 fanden sich sangesfreudige Mitglieder des AWO-Ortsvereins Dortmund Wichlinghofen zusammen und gründeten einen Singekreis, aus dem 1992 formell ein Chor, - offizielles Mitglied im Deutschen Allgemeinen Sängerbund - wurde. Es entstand eine Chorgemeinschaft, die fest zusammen hält und die die Freude am musikalischen Miteinander vereint mit dem Ziel: auch im teilweise fortgeschrittenen Alter den Anforderungen guter und solider Chorarbeit - dem reinen, mehrstimmigen Chorgesang gerecht zu werden. Von 40 bis fast 80 reicht die Altersspanne der Sängerinnen und Sänger. Beim Singen stellt sich eben die Alters- und Generationsfrage nicht unbedingt. Ganz nebenbei hält Singen auch noch

fit: es verbessert die Atmung, hält den Kreislauf in Schwung und ist darüber hinaus noch ein gutes Konzentrations- und Gedächtnistraining, meint die Übungsleiterin des Chores, Frau Claudia Mehring.

Höhepunkt des bisherigen Chorlebens war das Konzert anläßlich des 15-jährigen Bestehens im Juni 1996. Veranstaltungen, wie Frühlingsfeste, Mai- und Weihnachtsfeiern, Jubilarehrungen und zahllose weitere Anlässe wurden bisher vom „Gemischten Chor" eigenverantwortlich gestaltet. Die moderaten „Gagen", die der Chor für solche Auftritte erhält, kommen im vollen Umfang der Arbeiterwohlfahrt zugute. Gold in der Kehle führt also nicht unbedingt zu Geld in der Tasche. Aber darum geht es den Sänge-

Chorleitung

Claudia
Mehring

rinnen und Sängern auch gar nicht:
Die Geselligkeit und eine intakte Gemeinschaft zu pflegen, ist neben dem
Gesang für den Chor das, was zählt.
Jeder, der sich diesen Zielen verbunden fühlt, wird herzlich aufgenommen,
ganz ohne besondere Aufnahmeprü-
fungen.

Frau Claudia Meh-
ring (Jg. 1945)
arbeitete nach ih-
rem Musikstudium
30 Jahre als Orga-
nistin und Chorleiterin in einer Dortmunder
Kirchengemeinde. Zur Zeit leitet sie einen Kirchenchor und einen Gospelchor. Die Leitung
des „Gemischten Chores der Arbeiterwohlfahrt Dortmund Wichlinghofen" übernahm sie
1999 ehrenamtlich im Rahmen sozialer Arbeit mit älteren Menschen.

Gemischter Chor Dortmund-West

gemischter Chor

Stimmaufteilung:
SATB

Kontaktadresse:
Rüdiger Malhöfer (VS)
Tel.: 0231 / 67 07 15

Beitrittsbedingungen:
Freude am Gesang, Bereitschaft zur Mitarbeit

Probe: Haus Kersten,
Westricher Straße, 44388
Dortmund, montags von 20.00
bis 22.00 Uhr

Chorbeitrag:
DM 8.- monatlich

Der Gemischte Chor Dortmund-West wurde im Jahre 1970 in Dortmund-Bövinghausen gegründet.
Der Chor besteht aus 50 Sängerinnen und Sängern, das Stimmenverhältnis beträgt ca. 2:1.
Eine ungewöhnlich hohe Zahl von 120 passiven Mitglieder fördert den Verein.
Neben der Pflege sakraler Musik vom einfachen Choral bis zu größeren Werken wie z.B. dem Gloria von Vivaldi oder dem Weihnachtsoratorium von C. Saint-Saëns widmet der Chor sich vor allem dem Volkslied und der klassischen Chorliteratur, aber auch zeitgenössischem und volkstümlichem Chorschaffen.
Schallplatten, die der Chor in den Jahren 1978 (Geistliche Werke) und 1986 (Volkslieder) aufgenommen hat, dokumentieren seine Entwicklung.

Schon frühzeitig hat der Chor begonnen, Kontakte zu ausländischen Chören zu knüpfen, sich bei den Auslandskulturtagen der Stadt Dortmund zu engagieren und Konzertreisen ins Ausland zu unternehmen. Diese Reisen führten nach England, Frankreich, Italien, Österreich und Ungarn; der Höhepunkt war eine 3-wöchige Reise in die USA mit Auftritten in einigen Südstaaten und in Chicago.
Chorleiter ist seit Anfang 1996 Herr Klemens Koerner.

Chorleitung

Klemens Koerner

Dirigent und künstlerischer Leiter. Von 1978 - 1998 Lehrbeauftragter für Klavier an der Universität Dortmund. Nach der Pensionierung Korrepetitor des Kammerchores der Universität Dortmund. Er leitet mehrere Chöre im Dortmunder Raum, darüber hinaus begleitet er andere Chöre bei Konzerten und ergänzt ihre Programme durch solistische Beiträge an Orgel und Klavier.

Gemischter Chor Glocke Brücherhof 1887

gemischter Chor

Stimmaufteilung:
SATB

Beitrittsbedingungen:
alle sangesfreudigen Damen
und Herren sind herzlich
willkommen; kein Vorsingen,
Notenkenntnisse nicht nötig

Chorbeitrag:
z.Z. DM 7,- monatlich

Kontaktadresse:
Maria Palberg (VS)
Tel.: 0231 / 44 38 56

Probe: Haus Gruttmann,
Wellinghofer Str. 128, Dortmund-Hörde

Neunzehn Männer beschlossen im Jahre 1887, sich der Pflege des Männergesanges zu widmen. Getreu dem Wahlspruch: „Sind wir von der Arbeit müde, ist noch Kraft zu einem Liede!". Man bedenke, damals wurde hart und lange gearbeitet, denn die Gründung der „Glocke" fiel in die gute, alte Kaiserzeit. Für uns heute fast unvorstellbar...

Bis in die 60er Jahre waren die Sängerfrauen damit beschäftigt, Verständnis und Geduld für ihre Männer aufzubringen, besonders was das Nachsingen betraf.
Im Jahre 1966 wollten sie es selbst wissen und gründeten den Frauenchor „Glocke Brücherhof". Ebenfalls unter der Leitung des damaligen Chorleiters

Willi Wagener. Dieser Chor konnte sich bald hören lassen. Auftritte beider Chöre waren nun keine Seltenheit mehr. Willi Wagener bemühte sich um den Zusammenschluß beider Chöre. Mit Tränen in den Augen waren die Männer dann im Jahre 1972 damit einverstanden.
1975 übernahm Ernst Kanne die „Glocke", unter ihm feierten wir unser 100-jähriges Jubiläum. Der Sängerbund Nordrhein-Westfalen verlieh uns in Steinhagen die Zelter-Plakette. 100 Jahre „Glocke Brücherhof" - dieses Jubiläumsjahr wird allen Sängerinnen und Sängern ein Leben lang in Erinnerung bleiben. Zwei große Konzerte im Pädagogischen Zentrum - Goethe-Gymnasium in Dortmund-Hörde - mit dem Stargast Günter Wewel.

Wir veranstalten jedes Jahr ein- bis zwei Konzerte, z. B. Adventskonzert und Neujahrskonzert. Wir singen zu Hochzeiten, Jubiläen, runden Geburtstagen, inbegriffen Krankenhäuser und Alteneinrichtungen. Jedes Jahr ein Sommerfest und Herbstfest sowie Adventskaffee für alle Mitglieder sind in der „Glocke" bereits Tradition. Außerdem unternehmen wir einmal jährlich einen Chorausflug. Wir singen als Gastchor bei anderen Chören. Die Freude am Gesang ist die Grundlage für das Fortbestehen des Chores.

Chorleitung

Ernst Kanne

Ernst Kanne leitet den Gemischten Chor Glocke Brücherhof seit 1975.

Gemischter Chor Huckarde 1959

gemischter Chor

Stimmaufteilung:
S 1+2, A, T, B

Beitrittsbedingungen:
Neue Chormitglieder benötigen
keine Notenkenntnisse, obwohl
diese von Vorteil sind

Kontaktadressen:
Marita Stein (VS)
Tel.: 0231 / 31 01 25;
Simone Steinke (Schriftführ.)
Tel.: 02304 / 8 08 06

Probe: k.A.

Chorbeitrag:
DM 7.- monatlich

Der Gemischte Chor Huckarde wurde 1959 gegründet und machte sich sehr schnell im Dortmunder Westen und darüber hinaus einen Namen. 1966 und 1968 nahm der Chor am Leistungssingen teil und wurde mit „sehr gut" bewertet.

Nach einigen Wechseln in der Chorleitung konnte 1975 Herbert Schlüter als Chorleiter gewonnen werden. Mit Herbert Schlüter, der bis zum heutigen Tage mit der musikalischen Leitung betraut ist, erreichte der Chor zweifellos die Höhepunkte seines musikalischen Schaffens. So waren der Besuch des „Steeton Male Voice Choir" aus England 1986 und der Gegenbesuch im folgenden Jahr nur ein Beispiel für Highlights im Leben und Wirken der Chorgemeinschaft.

Heute zählt der Chor 55 Mitglieder und jedes Jahr erwarten die Sänger und Sängerinnen zahlreiche Aktivitäten. So finden jeweils ein Frühlings- und ein Weihnachtskonzert statt, der Chor beteiligt sich am „Huckarder Wochenende" und am „Huckarder Abend" und singt auch auf Hochzeiten, Geburtstagen und Jubiläumsveranstaltungen. Für diese unterschiedlichen Auftritte benötigt der Chor natürlich die unterschiedlichste Chorliteratur und die Chormitglieder haben sich im Laufe der Jahre ein großes Repertoire angeeignet, das auch von neuen Mitgliedern schnell erlernt werden kann. Außerdem werden je nach Veranstaltung immer neue Stücke einstudiert. Zur intensiven Vorbereitung veranstaltet der Chor einmal jährlich ein Seminar über ein

Chorleitung

Herbert Schlüter

bis zwei Tage. So meistern die Sänger und Sängerinnen alles, vom sakralen Chorgesang über Musicals und Operettenmelodien bis zum Volkslied und Spiritual.

Neben all der „ernsten Chorarbeit" darf natürlich die Geselligkeit nicht zu kurz kommen. Jedes Jahr veranstaltet der Chor z.B. einen Jahresausflug von ein bis zwei Tagen und zum Jahresausklang findet eine bei allen beliebte Weihnachtsfeier statt.

Neue Chormitglieder benötigen keine Notenkenntnisse, obwohl diese von Vorteil sind. Beim Gemischten Chor Huckarde 1959 braucht auch niemand vorzusingen. Wichtig ist allein Freude an der Musik und Spaß am gemeinsamen musizieren.

Herbert Schlüter, OstR i.R., Jg. 1933, Volksschule, Gymnasium, Abitur. Nach kurzem vorbereitendem Studium am Städt. Konservatorium Dortmund Fortsetzung des Studiums in Münster und Köln. Erste und Zweite Staatsprüfung für das Lehramt an Höheren Schulen. Als Fachlehrer für Deutsch und Musik tätig an Gymnasien in Hagen, Münster und Dortmund. Versetzung in den Ruhestand 1997. Seit 1957 auch tätig als Kirchenorganist und Chorleiter einer großen Zahl von Chören, darunter vier Kirchenchöre. Zur Zeit immer noch aktiv und erfolgreich mit dem kath. Kirchenchor Dortmund-Sölde, mit dem welt. Gemischten Chor Huckarde und den beiden Männerchören Aplerbecker Mark 1873 und Quartett 1852 Dortmund-Schüren.

Gemischter Chor „Silberklang" 1951

gemischter Chor

Stimmaufteilung:
SATB

Beitrittsbedingungen:
k.A.

Chorbeitrag:
k.A.

Kontaktadresse:
Karl-Heinz Grawe (VS)
Tel.: 0231 / 48 50 30

Probe: „Haus Heimsoth",
Berghofer Str. 149, 44269
Dortmund-Berghofen

Erstmals im November 1950 fanden sich 25 Sangesfreunde, Damen und Herren im „Sängerheim" Höchstener Str. 92 zusammen. Sie gründeten im April 1951 den bis zum heutigen Tage bestehenden Gemischten Chor „Silberklang".

Aus den ersten geselligen Zusammenkünften wurde bald eine ernste Probenarbeit. In den Anfangsjahren hatte der Chor zahlreiche Erfolge bei Sängerwettstreiten und kleineren Konzerten. 1956 wagte sich der Chor zum ersten Male in den großen „Freischütz" Saal. Unter Mitwirkung der Nachbarvereine wurde an diesem Tage die neue Fahne eingeweiht.

Zu den Oktober-Konzerten wurden erstmals Spirituales und internationale Folklore in das Programm aufgenommen. Zu den Herbstkonzerten des Chores wurden bekannte Künstler aus Funk und Fernsehen wie Willi Hagara, Roberto Blanco, Heino, Wolfgang Sauer und Fred Bertelmann verpflichtet.

Der Chor machte sich als einer der ersten Chöre Dortmunds zur Aufgabe, in Zusammenarbeit mit dem Kulturamt der Stadt Dortmund alljährlich an den Auslandskulturtagen teilzunehmen. Zur allgemeinen Völkerverständigung erfolgten gegenseitige Besuche, deren Höhepunkte die gemeinsamen Konzerte waren. Durch Unterbringung in den Familien entstanden Freundschaften, die bis zum heutigen Tage bestehen. Ein Austausch erfolgte mit Amiens, Cherbourg, Leeds und Maastrich.

Zur ständigen Einrichtung der „Silber-
klänger" wurde seit 1986 das Früh-
konzert an Himmelfahrt im „Haus
Heimsoth". Diese Veranstaltungen -
bei freiem Eintritt - werden von unseren Anhängern und Gästen immer
begeistert aufgenommen.

Das Repertoire der Sängerinnen und
Sänger „Melodien aus aller Welt" wur-
de auch unter der Leitung von Erika
Marx mit großem Erfolg fortgeführt.
So wurden auch weiterhin Künstler der
Opernbühnen verpflichtet.

Ab November 1999 ist Chordirektor
Michael Maria Böhm für die musikalische Leitung verantwortlich.

Der stürmische Beifall bei den Herbstkonzerten im „Freischütz" werden dem
Chor Dank und Ansporn für die nächsten Jahre sein.

Michael Maria Böhm

© Foto: Dieter Grundmann, Gelsenkirchen-Erle

Michael Maria
Böhm, Jg. 1949,
studierte an der
Volkwank Schule
in Essen Kirchen-
musik mit Abschluß B-Examen. Anschließend Studium der staatlichen Musikpädagogik, Abschluß in Orgel, Chorleitung
und Gesang. Kreischorleiter in Gelsenkirchen seit 1993. Chordirektor Gelsenkirchen seit 1997, Gründer und Leiter
des „Chores der Vizechorleiter", zur Zeit
Leitung von 5 Chören.

Kammerchor der Universität Dortmund

gemischter Chor

Stimmaufteilung:
S 1+2, A 1+2, T 1+2, B 1+2

Beitrittsbedingungen:
Blattsingen erforderlich,
Vorsingen beim Chorleiter

Chorbeitrag:
kein Beitrag, allerdings sind
Kosten für Konzertkleidung,
Anreisen, z. T. auch für Noten
selbst zu tragen.

Kontaktadresse:
Barbara Bienert (Geschf.)
Tel.: 0231 / 31 25 32

Probe: regelmäßig dienstags
(nicht in den Schulferien) von
18.30 – 21.30 Uhr im Raum
4.314 der Universität Dortmund, Emig-Figge-Str. 50;
außerdem finden ca. 6 x im
Jahr Wochenend-Proben statt:
Freitag von 18.00 bis 22.00
Uhr und Samstag von 10.00 –
14.00 Uhr

Internet: http://www.
Kammerchor.uni-dortmund.de

Diskographie: mehrere CD-
Aufnahmen, u.a. „König David"
von Arthur Honegger

Der Kammerchor der Universität Dortmund wurde von Willi Gundlach im Sommer 1978 gegründet. Das aus rund 40 Sängerinnen und Sängern, Studenten und ehemaligen Studenten bestehende Vokalensemble ist weit über Dortmund hinaus bekannt geworden. Der Chor tritt regelmäßig mit Konzerten an die Öffentlichkeit. Konzertreisen nach Dänemark, Italien, in die Niederlande, nach Norwegen, in die damalige UdSSR, in die Vereinigten Staaten von Amerika , nach England, Tschechien, Frankreich, Schottland und Polen haben den Chor auch außerhalb Deutschlands hervortreten lassen. Zu den besonderen Aktivitäten von Willi Gundlach und dem Kammerchor der Universität Dortmund gehört die Durchführung der internationalen Studentenmusikwochen Campus Cantat in Dortmund, während der ein großes Chorwerk mit Studenten aus aller Welt einstudiert und aufgeführt wird. Unter den zahlreichen CD-Aufnahmen haben vor allem „König David" von Arthur Honegger und „Totentanz" von Hugo Distler große Aufmerksamkeit gefunden.

Das Repertoire des Chores reicht von der Renaissance bis zur unmittelbaren Gegenwart und umfaßt sowohl weltliche als auch geistliche Werke. Zu den „Ausgrabungen" von Willi Gundlach und dem Kammerchor gehören bislang unveröffentlichte Vokalkompositionen von Fanny Hensel-Mendelssohn, von denen viele als CD-Produktionen vorliegen.

Campus Cantat

1985 gründete Willi Gundlach die Internationale Musikwoche *Campus Cantat*, zu der die Universität Dortmund regelmäßig jeweils vier bis sechs Studentinnen und Studenten aus zahlreichen befreundeten Universitäten einlädt, die gemeinsam mit Studierenden aus Dortmund einen Chor von rund 100 Mitgliedern bilden.

Diese Musikwoche führt die jungen Menschen nicht nur zur gemeinsamen Arbeit, sondern auch zu geselligem Musizieren zusammen. Abends wird in improvisierten Hauskonzerten jeweils eine bunte Folge der verschiedensten Musikbeiträge aus allen Ländern den Teilnehmern dargeboten.

In der letzten Phase der Musikwoche kommt dann das ganze Ensemble nach Dortmund, wo die Gäste in Dortmunder Familien beherbergt werden. Von hier aus führen sie auch die Schlußkonzerte durch.

Professor für Musik und ihre Didaktik, studierte Schulmusik in Hannover, Musikwissenschaft in Kiel und Köln. Er gründete die deutsch-skandinavischen Musikwochen Scheersberg (Schleswig-Holstein) und die internationalen Studentenmusikwochen „Campus Cantat" der Universität Dortmund. 1978 gründete er den Kammerchor der Universität Dortmund, mit dem er in zahlreichen Konzerten, auch auf Auslandsreisen, und mit Rundfunkaufnahmen und Schallplattenveröffentlichungen hervortrat. Seit mehreren Jahren setzt sich Willi Gundlach mit dem Kammerchor der Universität Dortmund für die stilgerechte Aufführung der Werke von Fanny Hensel ein.

Sang & Klang: Los!

schwul-lesbischer Chor

Stimmaufteilung:
S, A, T 1+2, BT, B

Beitrittsbedingungen:
z.Z. Aufnahmesperre

Chorbeitrag:
k.A.

Kontaktadressen:
Frank Przibylla
Tel.: 0231 / 8 82 14 21
Mail: fraprz@t-online.de;

„Sang & Klang: los!"
c/o KCR Dortmund
Tel.: 0231 / 83 22 63

Probe: im Kommunikations
Centrum Ruhr e.V., Braun-
schweiger Straße 22, Dortmund, montags zwischen
20.00 und 22.00 Uhr

Internet:
http://www.kcr-dortmund.de/
sangundklanglos

Anfang 1999 hatten einige Leute im Schwulen- und Lesbenzentrum KCR in Dortmund die Idee, einen Chor zu gründen. Mit einer Kleinanzeige suchten wir zunächst einen Chorleiter, dem wir weder Talent noch Geld bieten konnten, einen echten Idealisten also! - Und wir haben ihn gefunden!
Nun fehlten uns nur noch einige Sänger. Auch hier half uns wieder eine Kleinanzeige. Zum ersten Probentermin kamen gleich 14 Leute, die fast alle von sich behaupteten, sie könnten nicht singen. Inzwischen besteht unser Chor aus fast 40 Männern und Frauen. Spaß am gemeinsamen Singen und die persönlichen Begegnungen sind für uns in erster Linie Motivation für unsere Arbeit. Daneben möch-

ten wir mit unserer Musik und unseren Auftritten vor allem lesbische und schwule Projekte, sowie die Aids-Hilfe unterstützen.
In den vergangenen 2 Jahren haben wir überwiegend Lieder des Komponisten und Textdichters Friedrich Holländer einstudiert. Seine Lieder sind heute der Schwerpunkt unseres Repertoires. Zur Zeit arbeiten wir an der Gestaltung eines „Holländer-Programms". Darin möchten wir nicht nur seine populären Lieder singen, sondern dem Publikum auch etwas über seine Biografie und die zwanziger- und dreißiger Jahre erzählen.
Erfolgte und geplante Auftritte (Auszug): August 2000 auf dem „Alten Markt" in Dortmund, anlässlich des schwul-lesbischen Straßenfestes; im

Mai 2001 im Rathaus von Hamm, anlässlich der Eröffnung des Gay & Lesbian Run 2001; im Oktober 2001 in Leeds, zusammen mit „Gay Abandon", dem lesbisch-schwulen Chor aus unserer Partnerstadt Leeds.

„Sang & Klang: Los" unterscheidet sich durchaus von anderen schwul-lesbischen Chören. Im Mittelpunkt unserer Arbeit und unserer Bühnenpräsentation steht das Lied, sein Komponist und die Zeit, in der es entstanden ist. Hierüber wollen wir dem Publikum etwas erzählen. Wir verzichten deshalb, anders als andere schwule Chöre, auf eine aufwendige Bühnenshow. Etwas ungewöhnlich an unserem Chor ist auch, das Schwule und Lesben gemeinsam in einem Chor singen.

Chorleitung

Ulrich
Beckers

Ulrich Beckers (Jg. 1961) hatte in den Jahren 1976 bis 1980 privaten Orgel- und Klavierunterricht. Im Jahre 1992 bestand er nach einem zweijährigen berufsbegleitenden Lehrgang die Prüfung als Kirchenmusiker. Daneben hatte er Gesangsunterricht in Lörrach bei Friederike Dästner-Schaarschmidt und in Knechtsteden bei Jessica Cash und über 4 Jahre bei Kantor Dieter Lorenz in Geldern. Seit 1995 arbeitet Ulrich Beckers als Kirchenmusiker in Geldern. Seit Mai 1999 leitet er u.a. den Chor „Sang & Klang: Los!".

Total Vokal

gemischter Chor

Stimmaufteilung:
S1+2, A 1+2, T 1+2, B 1+2

Beitrittsbedingungen:
Chorerfahrung erwünscht, die Ausgewogenheit der Stimmgruppen soll gewahrt bleiben

Chorbeitrag:
z.Z. ca. DM 30.- monatlich

Kontaktadresse:
Michael Kalthoff-Mahnke
Tel.: 0231 / 7 21 30 98
E-Mail: Kamahnke@aol.com;
Barbara Gepp

Tel. u. Fax: 0221 / 2 94 36 27
E-Mail: bg@minters.de

Probe: Kleiner Saal der Heilig-Kreuz-Gemeinde, Liebigstr. 49 a, montags von 20.00 bis 22.00 Uhr, zusätzlich ca. 2 Probenwochenenden pro Jahr

Diskographie: Mitschnitt des Abschlußkonzertes 7. Int. Altenberger Orgelakademie, bei: Motette CD 40181, 1996 CD-Mitschnitt des Konzertes 2000 „Drömmarna und andere europäische Träume..."; MC-Mitschnitte früherer Konzerte

Die Anfänge von Total Vokal gehen auf eine kleine Initiative 1985/86 zurück. Besonders der Spaß an mehrstimmigen, weltlichen Gesängen vereinte die ersten Sängerinnen, die vorerst nur im Privaten probten und auftraten. Einem Auftritt beim Dortmunder Chorfestival 1988 im Fritz-Henßler-Haus folgten verschiedene Chor- und Konzert-Kontakte auch über die Stadt - und Landesgrenzen hinaus: 1992 Begegnung mit dem lettischen Kammerchor Muzîgais Strauts in Dortmund, 1994 Mitwirkung beim Konzert der Kölner Kantorei zum Abschluß der 7. Internationalen Altenberger Orgelakademie, Besuch des Bruggs Vocal Ensemble in Dortmund, 1996 Gastkonzert in Brügge.

Seit 1989 gestaltet der Chor jährlich ein Benefiz-Konzert in der Heilig-Kreuz-Gemeinde. Seit 1990 geben die Sängerinnen und Sänger um Chorleiterin Barbara Gepp regelmäßig Konzerte im Museum für Kunst- und Kulturgeschichte sowie in der Bürgerhalle des Dortmunder Rathauses. Die Veranstaltungen werden jeweils in Zusammenarbeit mit einem anderen Chor, Instrumental- und/oder Tanz-Ensemble (u.a.: I Flauti Dolci, Chor Unerhört - Köln, La Riverenza) durchgeführt.
Gepflegt und weiterentwickelt wird das Repertoire, das überwiegend weltliche Kompositionen von Monteverdi über Grieg, Saint-Saens bis Distler, Hindemith, Mauersberger, Tippett und Rut-

© Foto: Andreas Leve, Dortmund

Chorleitung

Barbara Gepp

ter umfasst. Chorwerke aus dem 20. Jahrhundert bilden dabei einen Schwerpunkt von Total Vokal.

Gewachsen ist der musikalische Anspruch, die Intensität der Probenarbeit, bei der ein besonderer Wert auf Stimmbildung und Weiterentwicklung des Chorklangs gelegt wird.

Eine schöne Anerkennung dieser Arbeit war ein erster Preis im Landeschorwettbewerb 1997 in Wuppertal.

Barbara Gepp, - Chorleiterin, Stimmbildnerin, Singschullehrerin - , studierte Musik für Lehramt an der Gesamthochschule Universität Essen und Chorleitung an der Landesmusikakademie in Heek. 1985 besuchte sie einen Meisterkurs in Trier und studierte Gesang u.a. bei Hilde Wesselmann und Lehrern des Instituts für funktionales Stimmtraining/Lichtenberg.

63

Volkschor Dortmund 1867

gemischter Chor

Stimmaufteilung:
S 1+2, A 1+2, T, B

Beitrittsbedingungen:
keine

Chorbeitrag:
monatlich DM 10.-

Kontaktadressen:
Karl Erfmann (1. VS)
Tel.: 0231 / 51 31 50;
Heidelore Heydecke (2. VS)
Tel.: 0231 / 51 63 05

Probe: im Wilhelm-Hansmann-Haus, Märkische Str., 44139 Dortmund, dienstags 19.00 bis 20.30 Uhr

E-Mail: fotohep@gmx.de

Als „Männerquartett" (Männerchor) im Herbst 1867 aus dem „Arbeiterbildungsverein" hervorgegangen, war er trotz politischer Gängelungen (Sozialistengesetze) schnell Zentrum vielfältiger kultureller Aktivitäten.
In die Zeit um den 1. Weltkrieg fiel die Fusion zum „Allgemeinen Arbeitergesangverein". Die Frauen mussten hier noch außen vor bleiben. Aber am 29.11.1920 war es dann soweit: Der Allgemeine Arbeitergesangverein", der „Gemischte Chor 1908" und der „Allgemeine Damenchor" schlossen sich unter dem Namen „Volkschor Dortmund e.V." zusammen.
Die Zwanziger Jahre waren die absolute Blütezeit des Volkschores, standen dem damaligen Dirigenten Fritz Kern doch 400 (!) Sängerinnen und Sänger zur Verfügung - eine für heutige Verhältnisse schier unglaubliche Zahl. In der Nationalsozialistenzeit wurde der Volkschor, wie so viele andere kulturelle Gruppen der Arbeiterklasse, zwangsweise aufgelöst und konnte seine Probenarbeit erst im Herbst 1945 wieder aufnehmen.
Bereits vor dem 2. Weltkrieg wurden beachtliche künstlerische Erfolge gefeiert; große Werke wie „Samson" von Händel, Beethovens 9. Symphonie oder auch das „Requiem" von Verdi wurden gekonnt präsentiert.
Diese künstlerische Tradition wurde dann nach der Wiedergründung 1945 nahtlos fortgesetzt. Zahlreiche Auftritte im Rahmen der Städtischen Sinfonie-Konzerte und beachtliche Konzerte im Dortmunder Opernhaus mö-

Horst
Drewniak

gen als Beweis dafür dienen. Seit 1965 singt der Volkschor Dortmund unter der künstlerischen Leitung von Horst Drewniak. Es werden sowohl weltliche Lieder, als auch religiöse Werke geprobt und zu Gehör gebracht. Die klassische Chorliteratur ist ein fester Bestandteil unserer Chorarbeit. Viele große, aber auch kleinere Konzerte haben sicherlich großen Anklang gefunden. Zur Aufführung gelangten u. a. Mozarts „Requiem", „Thamos", Haydns „Schöpfung" und „Jahreszeiten", Charpentiers „Te Deum". Nicht zu vergessen das Konzert „Aus der Welt der Oper" (u.a.mit dem Triumphfinale aus Verdis „Aida") und unser letztes großes Beethoven-Konzert mit „Meeresstille" und „Glückliche Fahrt" sowie der Chorfantasie.

Horst Drewniak, geboren 1935 in Dortmund. Gymnasium und Klavierunterricht am Konservatorium. 1952 daselbst Orchesterschule (Klarinette) und Dirigentenunterricht (GMD Rolf Agop). 1956 Anstellung als Repetitor bei den Städtischen Bühnen Dortmund. Dort als Kapellmeister zahlreiche Operetten, Opern und Musicals dirigiert. 1964 von GMD Wilhelm Schüchter zum Chordirektor ernannt. 1965 Übernahme des Volkschores Dortmund e.V. und einiger anderer Laienchöre. Mit den Chören zahlreiche Auslandskonzertreisen (Kopenhagen, Barcelona, Paris, Budapest, Prag, Wien, UdSSR, Finnland, Rumänien...).

Volkschor Dortmund-Mengede 1903

gemischter Chor

Stimmaufteilung:
SATB

Beitrittsbedingungen:
Notenkenntnisse nicht erforderlich. Keine Altersgrenze, jeder,
der Lust am Singen hat, ist
willkommen; Männerstimmen
sehr erwünscht

Chorbeitrag:
monatlich DM 5.-

Kontaktadressen:
Vera Stieler
Tel.: 02309 / 26 50;
Karin Trottenberg
Tel. 0231 / 33 25 96

Probe: Gaststätte „Sport-
klause", 44359 Dortmund-
Mengede, Wodanstr. 26,
donnerstags von 20.00 Uhr bis
22.00 Uhr

Der Volkschor Dortmund-Mengede wurde 1903 als Männergesangver-ein gegründet und im Jahre 1928 zu einem gemischten Chor umgebildet. Bis zum Verbot durch die Nationalso-zialisten 1933 hat dieser Chor viele große Konzerte erfolgreich veranstal-tet.

Nach dem Neubeginn 1946 war die Nachfrage nach Chormusik so groß, daß Konzerte des Volkschores an zwei Abenden hintereinander ein volles Haus füllten.

Seit 1963 hat der Chor, durch die Aus-landskulturtage der Stadt Dortmund, an mehr als dreißig internationalen Begegnungen mitgewikt und Konzert-reisen nach Holland, Schweden, Frank-reich, England und Ungarn unternom-men. Bis heute bestehen noch Freund-schaften zu vielen Gruppen in diesen Ländern.

Das Repertoire des Chores ist nicht auf eine bestimmte Musikrichtung festge-legt, es umfaßt Madrigale, weltliche und geistliche Klassik, internationale Volkslieder - zum Teil in Originalspra-che, sowie Oper- und Musicalmelo-dien. Der Chor, der bereits dreimal den Titel „Leistungschor im DAS" erreichen konnte, gibt außer seinen Jahres-konzerten auch Sozialkonzerte in Al-tersheimen und Krankenhäusern.

Zum festen Bestandteil der musikali-schen Arbeit gehört ein Gesangs-workshop vor jedem großen Konzert. Aber auch die Geselligkeit wird nicht vergessen. Einmal im Jahr wird ein Fest für die Sänger oder ein Ausflug ver-anstaltet.

© Foto: Helmut Hamel, Dortmund

Chorleitung

Gerhard Puczewski

Gerhard Puczewski, mit 12 Jahren ersten Klavier- u. Orgelunterricht und ständige Weiterbildung neben Schule und Hauptberuf. Seit 1956 nebenberufl. Organist und Chorleiter in katholischen Kirchengemeinden Dortmunds. Seit 1971 Chorleiter von Männerchören, Gemischten Chören, Frauenchören im Raum Dortmund und Unna. 1977 Kirchenmusikerexamen für nebenberuflichen Organisten und Chorleiter.

Volkschor Oespel-Kley

gemischter Chor

Stimmaufteilung:
SATB und weitere Teilungen

Kontaktadresse:
Udo Mundt (VS)
Tel.: 0231 / 65 05 37

Beitrittsbedingungen:
keine, es werden weder
Chorerfahrung noch Noten-
kenntnisse erwartet, denn der
Volkschor Oespel-Kley versteht
sich als echter „Volks"-Chor

Probe: Gaststätte „Dorfkrug",
Kleybredde 77, 44149 Dortmund, montags von 19.30 bis
21.30 Uhr

Chorbeitrag: 8,- DM monatlich
für aktive Mitglieder

Gewerkschaftlich und politisch engagierte Bergleute gründeten 1897 den Arbeitergesangverein Oespel. In Zeiten politischer Verbote und Repressalien waren Arbeiterkulturvereine eine Möglichkeit der gesellschaftspolitischen Betätigung.
Entsprechend gehörten neben volkstümlicher Chormusik auch kämpferische Tendenzlieder zum Repertoire. Es versteht sich fast von selbst, daß dieser Chor von den Nationalsozialisten verboten wurde. Mutigen Sangesbrüdern ist es zu verdanken, daß die historische Fahne und auch einschlägiges Notenmaterial über die Zeit gerettet wurden und im Dortmunder Fritz-Hüser-Institut der Öffentlichkeit zugänglich sind. 1950 schloß sich der Männerchor mit dem bereits 1920 gegründeten Frauenchor zum gemischten Volkschor zusammen. Im Zuge der demokratischen Öffnung unserer Gesellschaft trat der kämpferische Auftrag der Arbeiterkultur mehr und mehr in den Hintergrund. Was blieb, ist die Aufgabe, die Erinnerung an eine Bewegung wachzuhalten, die mehr war, als Kulturschaffen und Freizeitgestaltung.
Heute kommen die 38 Sängerinnen und Sänger aus allen Bevölkerungskreisen; entsprechend vielfältig ist das musikalische Repertoire: Die Palette reicht von klassischer bis zu moderner Chorliteratur, deutsche Volkslieder werden gepflegt und auch internationale Folklore.
Eine langjährige Freundschaft verbindet den Volkschor Oespel-Kley mit dem

österreichischen Chor „Liederkranz" Braunau. Neben der Völkerverständigung auch humanitären Zwecken dienten mehrere gemeinsame Veranstaltungen mit Folkloregruppen aus Minsk.

Ernst-
Siegfried
Herms

Ernst-Siegfried Herms (Jahrgang 1931), 1948 Eintritt im Männergesangverein Do-Brünninghausen. Es folgte dann aktive Mitgliedschaft in namhaften Dortmunder Männerchören. 1990 beim DSB am Vizechorleiter-Lehrgang teilgenommen, mit Erfolg bestanden. Als Dirigent mehrere Jahre tätig in der Chorgemeinschaft MGV Brünninghausen/Werkschor Wagner, im Gemischten Chor der AWO Do-Wichlinghofen und als Vizechorleiter des MGV-Harmonie in Do-Hörde. 1998 Ehrenurkunde des DSB für 50jährige aktive Sängertätigkeit. Repertoire von weltlichen über klassische und geistliche Werke. Zahlreiche erfolgreiche Konzerte und Auftritte mit vorgenannten Chören.

Männerchöre

Chorgemeinschaft Eving e.V.

Männerchor

Stimmaufteilung:
T1+2, B1+2

Beitrittsbedingungen:
keine

Chorbeitrag:
DM 60.- jährlich

Kontaktadressen:
Heinz Fieber
Tel.: 0231 / 85 30 47;
Ulrich Kneisel
Tel.: 0231 / 80 92 586

Probe: Vereinshaus der Kath. Kirchengemeinde St. Barbara, Dortmund Eving, Kappenberger Str., wöchentlich von 19.30 bis 21.00 Uhr. Vor Konzerten gesonderte Stimmproben und ganztägige Arbeitsphasen

Diskographie: „Sempre con espressione" (CD 3593 1337), mit der Mandolinen-Konzert-Gesellschaft Dortmund Hörde; „Eine kleine Abendmusik" (CD 1262), mit der Mandolinen-Konzert-Gesellschaft Hörde, Live-Mitschnitt eines Kirchen-Konzertes

Die Geschichte des Chores und seine Aktivitäten bilden beispielhaft den Verlauf unseres zu Ende gegangenen Jahrhunderts ab, das die Menschen über Kriege und Inflation, Gewaltherrschaft und Not bis zu Wiederaufbau, Demokratie, Wohlstand und staatliche Einheit geführt hat. Jede Phase hatte ihre besondere Auswirkung auf den Chor. Dies alles bewältigt zu haben, zeugt vom Geist der Menschen, die sich hier zum Gesang zusammenfanden. Die Chorgemeinschaft Eving e.V. ist ein Männerchor, in dem sich im Jahre 1991 die traditionsreichen Evinger Männerchöre „MGV Cäcilia 1895" und „Schlägel und Eisen 1896" zusammengeschlossen haben. Zum 100jährigen Bestehen seiner Gründervereine 1995/96 wurde der Chor mit der Zelter-Plakette ausgezeichnet.

Der Chor widmet sich in besonderem Maße der Pflege geistlicher und weltlicher Chormusik. Auch zeitgenössische Chormusik, Spirituals und Gospels sind wesentliche Bestandteile des Repertoires. In zahlreichen Auftritten beweist der Chor immer wieder seine Lebendigkeit und sein musikalisches Vermögen. Eine besondere Freundschaft verbindet den Chor mit der Mandolinen-Konzert-Gesellschaft Dortmund Hörde. Das harmonische Zusammenspiel von Männerchor und Mandolinen-Orchester sorgt bei Konzerten für ein außergewöhnliches Klangerlebnis. Alle Mitglieder des Chores sind engagierte, musikalische Laien, die bereit sind, auf die musikalischen Vorstellungen des Chorleiters und ihre konsequente Erarbeitung in den Proben einzugehen. Das umfangreiche Übungs-

Chorleitung

Dieter Eppa

programm umfaßt immer wieder gesonderte Stimmproben und ganztägige Arbeitsphasen. Sein Können und seine Leistungsstärke stellt der Chor immer wieder bei Konzerten und öffentlichen Auftritten unter Beweis.

Auch die Geselligkeit kommt nicht zu kurz. Sorgfältig geplante Reisen, Ausflüge und Feiern zu den verschiedensten Anlässen geben Zeugnis davon, daß die Chormitglieder Freude daran haben, ihr Zusammengehörigkeitsgefühl auch außerhalb des gemeinsamen Singens zum Ausdruck zu bringen. Konzertreisen in die Steiermark (Österreich) und in die Toskana (Italien) waren Höhepunkte im Leben der Sänger unseres Chores.

Oberstudienrat Dieter Eppa ist gleichzeitig Leiter der Mandolinen-Konzert-Gesellschaft Dortmund Hörde und unterrichtet als Gymnasiallehrer neben den Fächern Deutsch und Philosophie auch das Fach Musik.

Dortmunder Männergesangverein e.V.

Männerchor

Stimmaufteilung:
T1+2, B1+2

Beitrittsbedingungen:
Musikalität und Freude am
Gesang, Überprüfung der
Stimmlage durch den Chorleiter

Chorbeitrag:
DM 160.- jährlich

Kontaktadressen:
Walter Rohrberg (VS)
Tel.: 0231 / 59 57 47;
Dieter Vach (Presseref.)
Tel.: 0231 / 59 57 47

Probe: „Wilhelmshof",
Wilhelmstr. 24, 44137
Dortmund, mittwochs von
19.30 bis 21.30 Uhr

Diskographie: CD und MC

Der Dortmunder Männergesangverein wurde am 17. Nov. 1904 aus der Taufe gehoben. Von Anfang an wurden die Ziele sehr hoch gesteckt und vom Chor auch erreicht. Zweimal mußte in der Folgezeit ein Neuanfang gemacht werden. Nach dem 1. Weltkrieg (1923) konnten sich im eigenen Sängerheim 250 Sänger konzentriert auf erfolgreiche Konzerte, u. a. für Wien, Frankfurt und Breslau vorbereiten. Der 2. Weltkrieg schlug tiefe Wunden. Im Oktober 1944 versank das Sängerheim im Bombenhagel in Schutt und Asche. Aber bereits am 29. September 1946 gab es mit 120 Sängern das erste Nachkriegskonzert. Unter dem jungen Chorleiter Emil Rabe, der 1948 die künstlerische Leitung übernahm, meldete sich der DMGV beim Sängerbundfest in Mainz 1951 mit 160 Sängern in die Sängerwelt zurück. Die zweite Hälfte eines Jahrhunderts Vereinsgeschichte stand unter günstigeren Sternen. Am 1. März 1955 konnte ein neues Sängerheim, der „Wilhelmshof" erworben werden. Der Männerchorgesang fand in deutschen Landen, einschließlich einiger neuer Bundesländer, wieder ein dankbares Publikum. Aber auch Konzertreisen ins Ausland wurden mit viel Erfolg durchgeführt. Finnland, Frankreich, Norwegen, Österreich, Spanien, Tschechien, Wales waren u. a. die Ziele. Der DMGV konnte als Botschafter seiner Heimatstadt begeistern. Nun ist die Sängerschar im Trend der Zeit mit 70 Sängern zwar bedeutend kleiner geworden, doch sehen wir die Zukunft positiv. Mit Chorleiter Herbert Grunwald, der 1992 den über 40 Jahre er-

Herbert
Grunwald

folgreich tätigen Emil Rabe ablöste, wurde das schon vorhandene Repertoire ausgebaut und - der Zeit angemessen - mit Musical-Melodien, Pop, Jazz und Evergreens ergänzt. Auf dem Boden der Tradition und das Neue im Auge, will der Dortmunder Männergesangverein seinen Zuhörern zu Hause und im Ausland Chormusik mit Qualität und Freude darbieten.

Traditionelle Männerchormusik, Folklore, geistliche Musik, Musical und gehobene Unterhaltungsmusik zeichnen das Profil unseres Chores. Unter der Bezeichnung „Großer Chor" finden auch gemeinsame Konzerte, wie z. B. das Weihnachtskonzert mit dem Dortmunder Kammerchor und Dortmunder Polizeichor unter gleichem Dirigat statt.

Der musikalische Werdegang des 1945 in Dortmunds Partnerstadt Zwickau geborenen Musiklehrers Herbert Grunwald begann mit Akkordeon- und Klavierunterricht im Elternhaus. Nach dem Abitur 1966 studierte er am Konservatorium Dortmund Akkordeon, Klavier, Klarinette und an der Musikhochschule Münster (Chorexamen). Seit 1974 dirigierte Herbert Grunwald Chöre aller Stilrichtungen, darunter die bekannten „Florian Singer", ehe er 1992 die musikalische Leitung des DMGV übernahm. Mit seinen Fähigkeiten als Arrangeur und Komponist beschreitet er mit seinen Chören neue Wege auf dem Gebiet der Chormusik. Seit einigen Jahren ist er auch Kreischorleiter.

Männerchor Aplerbecker Mark 1873

Männerchor

Stimmaufteilung:
T 1+2, B 1+2

Beitrittsbedingungen:
Beitrittsbeschränkungen gibt es nicht; ein Vorsingen ist nicht erforderlich, Notenkenntnisse sind erwünscht, aber nicht Bedingung

Chorbeitrag:
Jahresbeitrag z.Z. DM 100.-

Kontaktadressen:
Manfred Karwehl
Tel.: 02304 / 8 65 85;
Harald Ernst
Tel.: 0231 / 44 70 44

Probe: im Lokal der Kleingartenanlage „Fröhliche Morgensonne", Dortmund-Aplerbeck, Abteistraße, 44287 Dortmund, donnerstags ab 20.00 Uhr

D er Chor wurde im Jahre 1873 unter dem Namen „MGV Aplerbecker Mark" gegründet. Die ersten Dirigenten des Chores kamen - wie konnte es anders sein - aus der Lehrerschaft. Der Chor veranstaltete viele Konzerte im „Waldschlößchen" und im Schwerter „Freischütz". Ab 1895 nahm der Chor auch an zahlreichen internationalen und nationalen Gesangswettstreiten teil. Diese Tradition dauerte bis 1968 fort, als der Verein sämtliche erste Preise errang und die Ehrenurkunde des damaligen Bürgermeisters von Berlin, Willy Brandt, erhielt.

Im Jahre 1933 kam es zum Zusammenschluß mit dem im Jahre 1914 unter dem Namen „Glocke" gegründeten zweiten Märker Männergesangverein. Nun hieß der Chor „Vereinigte Sänger Aplerbecker Mark 1873". Geprobt wurde im Wechsel in den Vereinslokalen Ellerbrock und Klasen. Auch während der Kriegsjahre konnte der Chor den Chorbetrieb aufrechterhalten.

Aus Anlaß des 100-jährigen Bestehens erhielt der Chor im Jahre 1973 aus der Hand des damaligen Bundespräsidenten die Zelter-Plakette. Zum Ende der siebziger Jahre nannte sich der Chor „Männerchor Aplerbecker Mark 1873".

Durch die Teilnahme des Chores an den verschiedensten Auslandskulturtagen der Stadt Dortmund wurde ein Motivationsschub erzielt, der auch am Chorgesang interessierte junge Menschen zu begeistern vermochte. In der Folgezeit wurden regelmäßig Herbst- und Weihnachtskonzerte aufgeführt, die

zum Teil auch mit anderen „Schlüter-Chören" gemeinsam stattfanden.

Im Jahre 1954 erfolgte die freundschaftliche Verbindung mit dem „Männergesangverein Ebsdorf" (Marburg). Seit 1979 besteht zwischen der „Yeadon Amateur and Dramatic Society" aus Leeds, der Dortmunder Partnerstadt, eine Verbindung, die zu einer großartigen Bereicherung des Chorlebens führte, regelmäßig alle zwei Jahre treffen sich beide Chöre, um im Wechsel zwischen Leeds und Dortmund-Aplerbeck gemeinsame Osterkonzerte zu gestalten.

Zum Repertoire des Chores gehört moderne Chorliteratur, Kirchenmusik und Musik aus dem 20. und 19. Jahrhundert.

Chorleitung

Herbert
Schlüter

Chorleiter Herbert Schlüter arbeitet seit 1970 mit dem Chor zusammen und leitet weitere drei Chöre, darunter einen Männerchor, einen gemischter Chor und einen Kirchenchor. Herr Schlüter ist aktiver Kirchenmusiker und kann auf eine mehr als 40-jährige Erfahrung als Chorleiter zurückblicken.

Männerchor Asseln 1970

Männerchor

Stimmaufteilung:
T 1+2, B 1+2

Beitrittsbedingungen:
dreimalige Teilnahme a. d.
Chorprobe, dann Entscheid
über Choreintritt nach eigenem
Ermessen

Chorbeitrag:
jährlich DM 120.-

Kontaktadresse:
Theo Kleimeier (VS)
Tel.: 0231 / 27 09 58

Probe: Haus Suberg, Webershohl 1, 44319 Dortmund,
montags von 20.00 bis 22.00
Uhr

Diskographie: Videomitschnitt
vom Konzert „Heitere Melodien", Videomitschnitt vom
Konzert v. J. S. Bach, „Liebe,
Geld und Obrigkeit"

Der Männerchor Asseln gründete sich 1970 aus den Chören „Männergesangverein Viktoria 1871" und „Männerchor Quartettverein Lorelei 1921". Dieser Zusammenschluß erfolgte in der Absicht, einen qualitativ guten Männerchor in Asseln beizubehalten. Der Chor sollte auf hohem Niveau alte und neue Volksweisen, beliebte Operetten- und Opernmusik, Musicals, Weihnachtslieder und auch geistliche Musik vermitteln.

Seit Februar 1999 steht Nina Aristova dem Chor als Chorleiterin vor. Sie ist dabei, den Männerchor durch interessante Veranstaltungen und operettenähnliche Auftritte neu zu prägen. Bereits im Oktober 1999 veranstaltete der Chor „Heitere Melodien - eine Musikreise von Neapel nach Wien". Der große Presse- und Publikumszuspruch bestärkte den Chor in der Absicht, neue Wege zu beschreiten. Im Mai 2000 führte der Chor mit gleichem Erfolg ein musikalisches Volksfest von Johann Sebastian Bach unter dem Titel „Liebe, Geld und Obrigkeit" auf. Diese Konzerte verlangten jedem Sänger neben sängerischen Qualitäten auch schauspielerische Talente ab. Die große Begeisterung und die gute Kritik, die diese Art von Aufführungen bei Sängern und Zuhörern auslöst, ist der Beweis für die Richtigkeit des neuen Weges. Das Ziel des Männerchores ist und bleibt es, vornehmlich in Asseln eine dorfverbundene Gemeinschaft in- und außerhalb des Chores zu erhalten. Die guten Leistungen waren und sind nur möglich, weil es

im Chor Menschen gibt, die Singen zu ihrem Hobby gemacht haben, die Musikfreunde mit ihrem Gesang erfreuen möchten und die sich - last not least - in der Vereinsgemeinschaft wohlfühlen. Diese Vereinsgemeinschaft bietet allen Sängern nicht nur stimmliche Weiterbildung, sondern auch viele gesellige Stunden bei gemeinsamen Ausflügen, Wanderungen, Radtouren und Feiern.

1993 setzte sich der Männerchor für die Gründung des Kinderchores „music kids" in Asseln ein. Der Männerchor übernahm die Patenschaft des Kinderchores, der sich sehr schnell entwickelte und bereits in dem Musical „Joseph" mitwirken konnte.

Nina Aristova ist seit Februar 1999 Chorleiterin des Männerchores Asseln. Sie begann ihre musikalische Ausbildung bereits als Fünfjährige. 1988 beendete Frau Aristova ihr Musikstudium am Konservatorium in Moskau mit Auszeichnung als Komponistin, Konzertpianistin und Dirigentin. Sie ist Mitglied des russischen Komponistenverbandes, lehrte Klavier am Musikkolleg des Moskauer Konservatoriums, Komposition, Kammermusik und Musiktheorie an der Musikhochschule und dirigierte im Musiktheater „Moderne Oper". Zahlreiche Preise gewann Frau Aristova bei russischen und weiteren internationalen Komponisten-, Interpreten- und Dirigentenwettbewerben.

Männerchor der Dortmunder Actien-Brauerei

Männerchor

Stimmaufteilung:
T 1+2, B 1+2

Beitrittsbedingungen:
Chorerfahrungen sind er-
wünscht, sowie Freude und
Neigung zur Chormusik;
Notenkenntnisse sind nicht
erforderlich

Chorbeitrag:
z.Z. DM 40.- pro Jahr

Kontaktadresse:
Klaus Hosemann
Tel.: 0231 / 25 24 65

Probe: Brauersaal der Dortmunder Actien-Brauerei,
Steigerstraße, Dortmund,
mittwochs von 15.30 Uhr bis
17.30 Uhr

In einer politisch brisanten Zeit wurde 1935 der Männerchor der Dortmunder Actien Brauerei an der Rheinischen Straße von sangesfreudigen Mitarbeitern gegründet. Halt und innere Bindung nach Kollegialität waren mitentscheidend.
Eine stattliche Anzahl von Sängern konnte bald erste Erfolge feiern. Der zweite Weltkrieg unterbrach die Chortätigkeit. Erst 1956 wurde der Chor wiederbelebt, und intensive Proben begannen. Bis heute ist eine ständige Leistungssteigerung zu verzeichnen. Als Brauerei-Chor werden nun keinesfalls nur Bierlieder gesungen. Volkslieder, geistliche Lieder, auch Gospels, Seemannslieder sowie Ausschnitte aus Operetten und Musicals sind im Repertoire enthalten.

Durch das regelmäßige Brauereichöre-Treffen werden freundschaftliche Verbindungen zu anderen in- und ausländischen Chören gepflegt.

Der Chor tritt regelmäßig in öffentlichen Einrichtungen, wie Parks etc., und auf Wunsch zu allen möglichen anderen Anlässen auf.

Im Oktober 1985 wurde aus Anlaß des 50-jährigen Bestehens ein Jubiläumskonzert im Festsaal der Reinoldi-Gaststätte durchgeführt. Mit einem Festkonzert im vollbesetzten Brauersaal der Dortmunder Actien Brauerei konnte am 26.8.2000 der 65. Geburtstag gefeiert werden. Die Vielseitigkeit und Harmonie des Chores wurde durch tosenden Applaus belohnt.

Chorleitung

Hugo Köhler

Hugo Köhler (Jg. 1930) ist von Kindesbeinen an mit der Musik verwachsen. Bereits mit 5 Jahren begann er Akkordeon zu spielen. Ausgebildet an der Westfälischen Hochschule für Musik in Münster (Klavier, Gesang, Stimmbildung, Tonsatz, Harmonielehre), hat er von 1963 - 95 vielen Generationen von Kindern an der Musikschule Dortmund sein musikalisches Wissen in Klavier, Akkordeon, Heimorgel und Keybord vermittelt. Nahezu 30 Jahre lang war er als Gründer und Leiter der Band „Melodie Serenaders" auf allen großen Bühnen Deutschlands zu Hause. Seine Spezialität ist das Schreiben von Sonderarrangements für Chöre, von denen diese sehr profitieren. Neben dem Männerchor der Dortmunder Actien-Brauerei leitet er noch den Funkerchor.

Männerchor „Harmonie" 1882 DO-Hörde e.V.

Männerchor

Stimmaufteilung:
T 1+2, B 1+2

Beitrittsbedingungen:
jedes sangesfreudige jedoch
leistungsbereite Interessent
kann dem Chor beitreten und
erhält die Stimmzuordnung
durch den Dirigenten

Chorbeitrag:
monatlich DM 7.-

Kontaktadressen:
Werner Maienhöfer (VS)
Tel.: 02302 / 6 04 75;
Gerd Kontny
Tel.: 0231 / 33 31 86

Probe: Vereinsheim Flora,
Rathenaustr. 1, 44141 Dortmund (Hörde), donnerstags von
19.30 bis 21.30 Uhr

Der Chor wurde 1882 als katholischer Männergesangverein gegründet.
Seinen guten Ruf aus den Vorkriegszeiten konnte der Chor dank engagierter Dirigenten gleich nach Beendigung des 2. Weltkrieges fortsetzen. Seit nunmehr über 40 Jahren pflegt die „Harmonie" internationale Kontakte. Eigene Initiative und eine enge Zusammenarbeit mit dem Kulturamt der Stadt Dortmund, haben zu freundschaftlichen Verbindungen zu Chören in den Niederlanden, Spanien, England, Finnland, Ungarn, Österreich, Frankreich, Rumänien und Rußland geführt. Weitere Begegnungen fanden mit Chören und Musikgruppen aus Polen, der UdSSR, Dänemark, Italien, Griechenland und Jugoslawien eine beachtliche Resonanz. Die Konzertreisen wie auch die Gegenbesuche aller Freunde aus dem Ausland, waren geprägt von gegenseitiger künstlerischer Hochachtung, aber auch als Beweis permanent geknüpfter zwischenmenschlicher Beziehungen.

1966 wurde der Chor erstmalig „Meisterchor im Sängerbund Nordrhein-Westfalen". Nach nunmehr insgesamt sechs erfolgreichen Titelverteidigungen, hat die „Harmonie" jetzt 35 Jahre lang Chormusik auf höchstem Niveau geboten und mit seiner Chorarbeit anspruchsvolle Akzente gesetzt. Die konstante Leistungsfähigkeit war auch die Basis für die Berufung des Chores zu zahlreichen Rundfunkaufnahmen beim WDR Köln, die heute noch Bestand-

teil inhaltvoller Chormusik-Sendungen sind.

Das erarbeitete beachtliche Literatur-Volumen der „Harmonie" ist vor allem Horst Drewniak zuzuschreiben, der seit 1968, als wahrer Mann vom Fach, die künstlerischen Maßstäbe setzt.

Das musikalische Programm umfaßt weitgehend Literatur des 20. Jahrhunderts namhafter europäischer Komponisten.

Erfolgte und geplante große Konzerte im In- und Ausland: regelmäßig anspruchsvolles Herbstkonzert im Festsaal der Spielbank Hohensyburg im November; Konzertreise nach Rom 2001.

Chorleitung

Horst Drewniak

Horst Drewniak leitet den Männerchor „Harmonie" 1882 Dortmund Hörde e.V. seit Mai 1968. Das mit ihm erreichte Leistungsniveau basiert auf einem hochqualifizierten künstlerischen Wissensstand, denn im November 1956 wurde Horst Drewniak Chordirektor des Opernchores der Städtischen Bühnen Dortmund und war dort auch als Kapellmeister tätig. Im Rahmen seiner verdienstvollen künstlerischen Aktivitäten am Opernhaus schuf sich Horst Drewniak nicht nur als virtuoser Pianist einen Namen, vielmehr noch fand sein Kompositionswerk Beachtung. Unter seiner Leitung errang der Männerchor „Harmonie" fünf seiner insgesamt sechs Meisterchor-Titel.

MGV „Concordia" Lütgendortmund

Männerchor

Stimmaufteilung:
T 1+2, B 1+2

Beitrittsbedingungen:
musikalische Vorkenntnisse,
Notenkenntnisse und Vorsingen
werden nicht verlangt

Chorbeitrag:
zwischen DM 3.- und DM 14.-
monatlich

Kontaktadresse:
Friedrich Möx (VS)
Tel. 0231 / 63 53 94

Probe: im Vereinslokal „Haus
Kersten", Westricher Str. 3,
44388 Dortmund (Lütgendortmund), freitags von 20.00 bis
22.00 Uhr

Im Jahre 1904 beschlossen sangesfreudige Männer die Gründung des
Gesangvereins MGV „Concordia". Innerhalb des ca. 120 Mitglieder umfassen-
den Chores bildeten sich 30 sing-
begeisterte Männer.
Eine wesentliche musikalische Aufgabe des Chores ist die Pflege des Volksliedes und der für den Männerchor
geschriebenen Chorliteratur. Wir be-
schränken uns in unserer Literaturaus-
wahl nicht nur auf Lieder aus dem
deutschsprachigen Raum; Lieder unserer europäischen Nachbarn (Russ-
land bis Spanien) lernen wir in ihren
typischen Melodien kennen. Spirituales oder Gospelgesang gehört ebenfalls zu unserem Repertoire. Neben dem
jährlichen festlichen Chorkonzerten
und unzähligen öffentlichen Auftritten übernimmt der MGC Concordia
auch soziale Aufgaben durch Konzerte in Krankenhäuser, Seniorenheime,
Hochzeiten, Jubiläen und Geburtsta-
ge, geprägt durch die traditionelle be-
wegte Vergangenheit der gesamten
Region.
Nicht zuletzt wegen der gewachsenen
musikalischen Ansprüche kann der MGV
Concordia heute mit Stolz Frau Daria
Vennemann-Sobanski als Chorleiterin
benennen, ihres Zeichen renommier-
te Profidirigentin und Musiklehrerin.
Geselligkeit kommt nicht zu kurz, Zusammenhalt und Freundschaft sind
keine Fremdworte für den Chor.
Neben der wichtigen Aufgabe durch
Singen Emotionen wie Begeisterung,
Freude und Besinnlichkeit zu vermit-
teln, hat der MGV Concordia es ge-

schafft, das Logo seiner Fahnenweihe von 1907 „IN FREUD UND LEID ZUM LIED BEREIT" über die Generationen weiter zu tragen.

Daria
Vennemann-
Sobanski

Daria Vennemann-Sobanski studierte Schulmusik an der Hochschule für Musik und darstellende Kunst in Frankfurt am Main und evangelische Theologie an der dortigen Goethe-Universität. Unter dem bekannten Bachinterpreten Prof. Helmut Rilling erlangte die Chordirigentin schließlich ihr künstlerisches Reifeprüfungs-Diplom. Nach dem Referendariat für das Lehramt Sek. I/II wandte sie sich ganz dem Chordirigieren zu. Aus dieser Vergangenheit heraus eröffnet sie bis zum heutigen Tag dem MGV Concordia immer wieder neue musikalische Perspektiven auf hohem Niveau.

MGV der VEW Energie AG Dortmund

Männerchor

Stimmaufteilung:
T 1+2, B 1+2

Beitrittsbedingungen:
keine

Chorbeitrag:
monatlich DM 100.-

Kontaktadresse:
Gerd Hachmann
Wesmarstr. 2 c
45659 Recklinghausen

Probe: im VEW Kraftwerk,
44143 Dortmund, Weißenburg-
str. 70, dienstags ab 16.30 Uhr

Am 8. Mai 1924 trafen sich 20 Mitarbeiter und gründeten eine Gesangsabteilung der Firma. Der Gedanke wurde überraschend schnell in die Tat umgesetzt. Gleichgesinnte Männer verschrieben sich dem deutschen Lied, pflegten es und traten damit im Kreise der Kollegen bei ernsten und freudigen Anlässen auf. Das Erstaunen über die gesanglich gute Leistung der Sängergruppe war groß, und schon bald sagte die Werksleitung ihre Unterstützung zu. Einige Kollegen erwarben die passive Mitgliedschaft.

Erstes Konzert war ein Herbstfest am 31. Okt. 1925 im Saal der Kronenburg. Der Vereinsname wurde 1928 in Männer-Gesang-Verein der VEW Dortmund geändert.

Bei der Feier zur Ehrung der Jubilare des VEW-Konzerns durfte der Chor von Mai 1934 bis heute mitwirken. Der zweite Weltkrieg mit schweren Luftangriffen auf Dortmund, bei denen das gesamte Notenmaterial zerstört wurde, bedeutete 1944 das Ende der Vereinsarbeit. Nach mühevoller Vorarbeit konnte am 17. April 1946 die erste Übungsstunde abgehalten werden. Im Jahre 1949 zum 25-jährigen Jubiläum hatte der Chor 46 singende Mitglieder.
Nach längerer Pause wurde am 10. 09. 1949 wieder ein Gemeinschaftskonzert der fünf VEW-Chöre von Münster, Gersteinwerk, Gemeinschaftswerk, Bochum und Dortmund durchgeführt. In den Jahren von 1949 bis 1999 gab es in jedem Jahr Veranstaltungen wie

Konzertreisen und Gemeinschaftskonzerte. Eigene Konzerte und diverse Auftritte bei Festen sowie Beerdi-
gungen gehören seit 75 Jahren zu den
Aufgaben des Chores.

Von den Konzertreisen sind folgende
zu erwähnen: Wiesmoor, Borkum, Hel-
goland, Schweden, Belgien, Harz, Dubrovnik, Berlin, Mosel, Hamburg, Dänemark, Nürnberg, Trier - Luxemburg,
München, Garmisch-Partenkirchen,
Paris, Pfalz, Rhein, Budapest, Prag,
Halle, Söll (Tirol), Amiens (Frankreich),
Corby - London.

Jürgen Leschke,
geb. 1961 in Dort-
mund; u.a. Studi-
um an der Robert-
Schumann-Hochschule, Düsseldorf, das er
1990 mit der Staatlichen Musiklehrerprüfung
und der Künstlerischen Reifeprüfung im Fach
Gesang abschloß. Jürgen Leschke arbeitet
seither als freiberuflicher Konzertsänger und
hat sich ein umfangreiches Repertoire angeeignet. Tätig als Solosänger und Sänger
unter namhaften Dirigenten von 1984 bis
1989 im Chor des Westdeutschen Rundfunks.
Sein Ziel ist es, neben der Pflege des bewährten Liedgutes, auch junge Menschen wieder
an den Chor zu binden.

MGV Dortmund-Brackel 1880 e.V.

Männerchor

Stimmaufteilung:
T 1+2, B 1+2

Kontaktadresse:
Helmut Preuhs
Tel.: 0231 / 25 25 54

Beitrittsbedingungen:
von neuen Sängern wird Lust
am Singen und Liebe zum
Chorgesang erwartet.

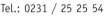

Probe: im Vereinsheim
„Sängerheim" an der Tacken-
str. 4, Dortmund-Brackel,
donnerstags von 19.30 bis
22.00 Uhr

Chorbeitrag:
kein Beitrag

In der langen Zeit seit der Gründung ist der MGV über Brackel hinaus immer aktiv gewesen und hat wertvolle Beiträge für das kulturelle Geschehen und die gesellschaftlichen Abläufe geleistet. Musikalisches Einbinden geschieht bis heute ohne Bevorzugung einer konfessionellen oder politischen Richtung. Der Chor gibt jährlich drei Konzerte, davon eines zum Spielzeit-Ende im Großen Haus der Städtischen Bühnen Dortmund. Sein Repertoire umfaßt Original-Kompositionen, Sätze und Bearbeitungen geistlicher und weltlicher Chormusik; dazu werden Chorwerke aus Oper, Operette und Musical erarbeitet, aber auch Volkslieder und volkstümliche Lieder aus dem europäischen Sprachraum. Dieser Chor mit ca. 70 Sängern hat keine Nachwuchssorgen. Im Vorstand arbeiten bereits zwei gerade 30jährige, seit einiger Zeit gehören auch einige 20-jährige zu den aktiven Sängern. Darüber hinaus sind im Kreis der fördernden Mitglieder stets Spenden (z. B. Noten aller Art) herzlich willkommen.

Guter Probenbesuch und ernsthaftes Erarbeiten der anstehenden Werke sind Grundlage für Erfolge dieses Chores: So errang der MGV Brackel im Herbst 1999 den Titel „Volkslieder–Leistungs–Chor des Sängerbundes NRW e.V.".

Alle Sänger sind Amateure. Zur Festigung und Fortbildung der gesanglichen Voraussetzungen werden regelmäßig professionelle Stimmbildner verpflichtet.

Natürlich wird auch das gesellige Beisammensein gepflegt. Konzertreisen
ins In- und Ausland (zuletzt England,
USA/Kanada, Ungarn, Österreich/Un-
garn und Italien) werden immer Bestandteil des Programms sein. Mitwirkung bei Veranstaltungen der Stadt
Dortmund, z.B. bei den Auslandskulturtagen, dem Weihnachtsmarkt und
Festen der örtlichen Vereine und Kirchengemeinden sind obligatorisch.

Chorleitung

Carsten
Schlagowski

Carsten Schla-
gowski, Jahrgang
1972, hat nach
seinen musikali-
schen Fächern nun auch das berufliche Studium abgeschlossen. Als musikalischer Chef
des evangelischen Posaunenchores Brackel
und des Blasorchesters Huckarde-Rahm leitet er seit 1997 auch den MGV Dortmund-
Brackel erfolgreich.

MGV Dortmund-Dorstfeld 1858 e.V.

Männerchor

Stimmaufteilung:
T 1+2, B 1+2

Beitrittsbedingungen:
keine

Chorbeitrag:
monatlich DM 10.-

Kontaktadressen:
Manfred Frentzen (VS)
Tel.: 0231 / 17 07 51
Arnold Wulf (Geschf.)
Tel.: 0231 / 17 31 32

Probe: im Haus Düppe,
Wittenener Str. 97, 44149
Dortmund, donnerstags von
19.00 Uhr bis 20.30

Der MGV Dortmund-Dorstfeld 1858 e.V. ist über 140 Jahre Mitglied im Deutschen Sängerbund und gehört damit zu den ältesten und traditionsreichsten Chören Dortmunds. Der Verein setzt sich heute aus 60 aktiven und 155 fördernden Mitgliedern zusammen.

Die musikalische Leitung liegt seit Januar 1998 in den Händen des jungen Musikdirektors Klaus Levermann aus Menden.

Auf nationaler und internationaler Ebene wurden in den vergangenen Jahren neben den großen und kleinen Auftritten in Dortmund und Umgebung Konzerte in Leeds, Budapest, Amiens, Berlin, Wien, Ljubljana und Zwickau aufgeführt. Unvergeßlich bleibt die Mitgestaltung einer hl. Messe im Mailänder Dom im September 1996.

Zu den großen Auftritten in Dortmund-Dorstfeld zählen die Galakonzerte der letzten Jahre mit bekannten Opernstars wie Günter Wewel, Alexander Fedin, Sonia Zlatkowa, Hannu Niemelä und Jil Marsden. Einer der vielen weiteren großen Auftritte war das Weihnachtskonzert am 10.12.2000 mit Opernsänger Karl-Heinz Lehner von den Städtischen Bühnen Dortmund.

Beim Volksliederwettbewerb im März 2000 in Zuccalmaglio wurde der MGV Dortmund-Dorstfeld zum zweitbesten Chor gekürt.

Bei einem bunten Abend mit dem MGV Dortmund-Dorstfeld ist das Publikum immer wieder erstaunt, wieviel Einzelkünstler und Gruppen der Verein noch aufzubieten hat, aus dem Verein ist z.B. die erfolgreiche Gesangs- und Musikgruppe „Die Florianis" hervorgegangen.

Das musikalische Programm des Chores reicht vom Volkslied über moderne Literatur bis zur Oper und sakraler Musik.

Klaus Levermann

Klaus Levermann (Jg. 1964), kirchenmusikalische Ausbildung mit Examen 1982, Teilstudium Musik/Deutsch an der Uni Dortmund. Chorleitertätigkeit seit dem 19. Lebensjahr. Im Mai 1998 Berufung zum Kreischorleiter im Sängerkreis Hönne-Ruhr, Juli 1999 Ernennung zum Musikdirektor FDB durch den Fachverband Deutscher Berufschorleiter. Chorleiter aller Chorgattungen. Seine Chöre errangen unter seiner Leitung eine Vielzahl von Preisen bei Leistungssingen (u.a. Meisterchortitel NRW und Volksliederleistungschöre) und absolvierten erfolgreich Konzerte im In- und Ausland (Italien, England, Wales, Schweiz u.v.m.). Im Januar 1998 übernahm er die Leitung des MGV Dortmund Dorstfeld 1858 e.V.

MGV 1880 Dortmund-Wickede e.V.

Männerchor

Stimmaufteilung:
T 1+2, B 1+2

Beitrittsbedingungen:
keine, Aufnahme nach regel-
mäßigem Chorprobenbesuch
innerhalb von 3 Wochen

Chorbeitrag:
monatlich DM 10.-

Kontaktadresse:
Horst Brasse
Tel.: 0231 / 27 82 68

Probe: im Vereinslokal „Haus
Stiepelmann", Wickeder
Hellweg 43, montags ab 20.00
Uhr

Vor über 120 Jahren wurde der Männergesangverein Dortmund-Wickede, mit der damaligen Bezeichnung
„Glückauf Germania", gegründet.
Große Löcher riß der Zweite Weltkrieg
in die Reihen der Sänger, dennoch gab
es 1945 einen Neubeginn. Der Chor
hatte schon bald wieder über 30 Sänger und in Kohlmanns Saal gab es das
erste Volksliederkonzert. Die Sänger-
vereinigung baute in den 60er Jahren Kontakte zu auswärtigen Chören
mit gegenseitigen Besuchen weiter
aus. Die in großem Stil durchgeführten Auslandkulturtage der Stadt Dortmund veranlaßten den MGV zu gast-
gebender Mitgestaltung.
Für 100-jährige Chortätigkeit zur Pflege des deutschen Volksliedes und der
Förderung des kulturellen Lebens erhielt der MGV Wickede die Zelter-
plakette überreicht.
Nach seinen Konzertreisen nach Polen, den USA und Kanada, unternahm
der Chor 1989 eine 5-tägige Konzertreise nach Südtirol, Italien, mit einem Konzert in der Stadtkirche von
Lana. Neben eigenen Konzerten in
Wickede nahm der MGV weiterhin auch
an Konzerten der „Chorgemeinschaft
Weber" im Dortmunder Opernhaus teil.
Diese Chorgemeinschaft wurde 1996
aufgelöst. Der MGV Westfalen und der
MGV Wickede schlossen sich 1997 der
neu gegründeten „Chorgemeinschaft
Jürgen Leschke" an, zu der noch vier
weitere Chöre gehören, die alle von
Jürgen Leschke geleitet werden.
Obwohl durch die Chorgemeinschaft
ganz andere Möglichkeiten der Chor-

© Foto: Klemke, Dortmund-Wickede

musik geboten werden, hat keiner der Vereine in der Chorgemeinschaft seine Selbständigkeit verloren. So veranstaltet der MGV Wickede weiterhin eigene Frühjahrs-, Sommer- und Weihnachtskonzerte, nimmt an Wickeder Dorffesten, Weihnachtsmärkten, Festumzügen und Vereinsnachmittagen teil, singt zu runden Geburtstagen, Jubiläen und in Krankenhäusern und Altenheimen. Damit trägt der Chor zu einem schönen kulturellen Teil im Dortmunder Osten bei und erfreut sich seiner stets wachsenden Beliebtheit auch über die Ortsgrenzen hinaus.

Andererseits wird beim MGV Wickede nicht nur gesungen; wie schon in der Gründerzeit, so kommt auch heute das gesellige Vereinsleben nicht zu kurz.

Jürgen Leschke, geb. 1961 in Dortmund; u.a. Studium an der Robert-Schumann-Hochschule, Düsseldorf, das er 1990 mit der Staatlichen Musiklehrerprüfung und der Künstlerischen Reifeprüfung im Fach Gesang abschloß. Jürgen Leschke arbeitet seither als freiberuflicher Konzertsänger und hat sich ein umfangreiches Repertoire angeeignet. Tätig als Solosänger und Sänger unter namhaften Dirigenten von 1984 bis 1989 im Chor des Westdeutschen Rundfunks. Seit 1993 leitet Jürgen Leschke den MGV 1880 Do.-Wickede e.V. Sein Ziel ist es, neben der Pflege des bewährten Liedgutes, auch junge Menschen wieder an den Chor zu binden.

MGV Eintracht 1846 e.V. Dortmund-Wellinghofen

Männerchor

Stimmaufteilung:
T 1+2, B 1+2

Beitrittsbedingungen:
keine Beschränkungen,
sangesfreudige Männer sind
jederzeit willkommen

Chorbeitrag:
jährlich DM 100.-

Kontaktadressen:
Lothar Esdar (VS)
Tel.: 0231 / 46 84 37;
Helmut Bergmann (Geschf.)
Tel.: 0231 / 46 09 94

Probe: Haus Rehbein,
Wellinghofer Str. 128, Dortmund-Wellinghofen,
donnerstags ab 19.00 Uhr

Der MGV Eintracht 1846 e.V. Do.-Wellinghofen ist der älteste Männergesangverein Dortmunds. Im November 1846 wurde der MGV Concordia in Wellinghofen gegründet. Im Dezember 1887 wurde der MGV Eintracht gegründet. Bedingt durch die Kriegswirren des 2. Weltkriegs (Sänger waren an der Front) schlossen sich beide Vereine am 2.1. 1940 zusammen. Der Chor trug nun den Namen MGV Eintracht.

Zur Zeit hat der MGV Eintracht 46 aktive Sänger. Das Chorleben zeichnet sich durch vielfältige Aktivitäten aus: Pro Jahr werden ein Sommerkonzert und zwei Weihnachtskonzerte gegeben, daneben erfolgen diverse Auftritte und Ständchen. Alle zwei Jahre geht der Chor auf Konzertreise, jährlich werden Karneval und gesellige Zusammenkünfte gefeiert.

Weitere Höhepunkte waren: 1957 Verleihung der Zelterplakette durch Bundespräsident Heuß; Chorreisen führten den Chor 1973 zum Meisterchorsingen nach Arnsberg; Reisen nach Vesancon (Frankreich 1974), 1981 in die USA, 1984 zum Christkindlmarkt Wien, 1986 an den Wolfgangsee, 2000 nach Berlin.

Die Pflege des „Deutschen Liedgutes" steht in der Eintracht an erster Stelle, aber auch Opernchöre, Musicals, Operettenmelodien, Gospels, in- und ausländische Volkslieder gehören zum Programm. Sangesfreudige Männer sind jederzeit willkommen.

© Foto: Willi Tietz

Winfried Meyer

Winfried Meyer ist selbständig tätig als Orchesterdirigent, als Dozent an der Musikschule und als Chorleiter.

95

MGV Eintracht Dortmund-Sölde

Männerchor

Stimmaufteilung:
T 1+2, B 1+2

Kontaktadresse:
Heinz Helm (VS)
Tel.: 0231 / 40 06 05

Beitrittsbedingungen:
Interessierte Sänger sind
jederzeit herzlich willkommen

Probe: in der Gaststätte „Zur
Dorfschänke", dienstags ab
20.00 Uhr

Chorbeitrag:
k.A.

Internet:
http://www.dortmund-vereine-
freizeit.de/mgvesoel.htm

Aus Freude am Lied und zur Pflege der Geselligkeit wurde am 3.8. 1875 der Chor gegründet. Man gab dem „Kind" den Namen MGV Eintracht Sölderholz. Zunächst wurde in der evangelischen Schule, Sölderholz, unter der Leitung des damaligen Hauptlehrers geprobt.

Schon nach kurzer Zeit, 1876, wählte man die Gaststätte „Haus König" in Sölde zum Vereinslokal. So kam es, daß man nach einigen Jahren den Chor MGV Eintracht Sölderholz/Sölde nannte. Es entwickelte sich ein „großer Chor", der schon nach kurzer Tätigkeit Erfolge errang.

Der zweite Weltkrieg unterbrach die Vereinsarbeit. Sofort nach Beendigung des sinnlosen Krieges wurde die Chorarbeit unter dem Sölder Lehrer

Fritz Höppner wieder aufgenommen. Nachstehend erwähnenswerte Daten und Ereignisse der letzten 30 Jahre:

1970 September, Feiern zum 95-jährigen Bestehen;
1975 100-Jahrfeier, Erhalt der Zelterplakette für 100 Jahre Pflege des Gesangs;
1977 Verleihung des Titels „Meisterchor" im Sängerbund NRW;
1980 Konzertreise nach Rom;
1981 Konzertreise nach Dubrovnik;
1983 Konzertreise nach Lloret de Mar,;
1984 Konzertreise nach Budapest;
1988 Mitwirkung u. musikal. Leitung 850-Jahrfeier Sölde;
1989 Konzertreise nach Jugoslawien;
1990 Konzertreise nach Italien;
1992 Konzertreise nach Tschechien;

1992 Teilnahme mit Konzert am Bundessängerfest, Köln;
1994 Konzertreise nach Wien;
1995 Festveranstaltungen zum 120-jährigen Bestehen.

Der Männerchor „Eintracht/Sölde" veranstaltet jährlich mehrere Konzerte in Sölde, so seit 30 Jahren das traditionelle Buß- und Bettagskonzert in der kath. Kirche in Sölde. Dieses Konzert ist weit über die Grenzen Söldes bekannt. Der Chor wirkt bei allen Jubiläen der Ortsvereine mit. Musikalische Umrahmung bei kirchlichen Hochzeiten und Geburtstagen gehört seit Jahren zur schönen Standard-Aufgabe des Chores.

Chorleitung

Diethard Prause

Diethard Prause (Jg. 1941), erster Klavierunterricht 1949. Im April 1956 Orgelunterricht am Städt. Konservatorium in Dortmund bei Prof. Heinrich Graefenstein aus St. Patrokli in Soest. Als Nebenfach Unterricht auf dem Saxophon. Im Herbst 1972 Übernahme des Amtes des Chorleiters in der Heimatgemeinde St. Bonifatius Lichtendorf. 1974 Aufnahme des Studiums an der Musikhochschule in Münster in den Fachbereichen Schulmusik, Klavier, Komposition und Chorleitung. Examen im Frühjahr 1977. Seit Herbst 1977 als Musiklehrer tätig an der Musikschule Lennetal e.V. in Werdohl. 1988 mit der 850-Jahrfeier von Sölde Übernahme des MGV Eintracht-Sölde und des Frauenchores Eintracht Sölde.

97

MGV „Frohsinn" 1881 Dortmund-Lanstrop

Männerchor

Stimmaufteilung:
T 1+2, B 1+2

Beitrittsbedingungen:
sangesfreudige Männer und Jugendliche sind jederzeit willkommen, Notenkenntnisse sind nicht erforderlich, Vorsingen nur, um die Stimmlage zu bestimmen

Chorbeitrag: z.Z. DM 5.- für aktive Sänger, DM 3,50 für fördernde Mitglieder

Kontaktadressen:
Hans Ludmann
Tel.: 0231 / 2 97 08;
Klaus Westermann
Kurler Str. 265, DO-Lanstrop

Probe: Vereinslokal Alte Post, Lanstroper Str. 89, Dortmund-Lanstrop, freitags von 20.00 bis 22.00 Uhr

An einem Sonntag wurde der Männergesangverein „Frohsinn" gegründet. Der Chronist legt sich dabei fest und gibt den 13. März 1881 als Gründungstag an.

Nur unterbrochen von den Kriegsjahren, besteht der Verein seit nunmehr 120 Jahren und ist fest in das kulturelle Leben des Ortsteils Lanstrop eingebunden. Zur Zeit singen 32 Männer ein sehr vielseitiges Repertoire, das sowohl deutsches wie auch internationales Liedgut beinhaltet. Auch sakrale Lieder sind Bestandteile unserer Vorträge, die sich bei der jährlichen Gestaltung eines Weihnachtskonzertes wiederfinden. Der jetzige Chorleiter, Friedrich-Wilhelm Herrmann, leitet den Chor seit Februar 1987. Er konnte im Jahre 1989 sein 25-jähriges Chorleiterjubiläum feiern. Sein Hauptanliegen ist die Förderung des Sängernachwuchses.

Der MGV „Frohsinn" ist mit seiner langjährigen Tradition ein wichtiger Kulturträger im Ortsteil Lanstrop und trägt dort mit seinem Können bei fast allen Veranstaltungen den musikalischen Rahmen. Selbstverständlich wird auch das interne Vereinsleben gepflegt. Konzerte, Sommerfeste, Jubilarehrungen, Wochenendausflüge, Wandertage, Freundschaftssingen, Ständchen zu Gratulationen, Nikolausfeiern für die Mitgliederkinder und viele musikalische Gestaltungen von Feiern anderer Lanstroper Vereine und Verbände sind stetig wiederkehrende Bestandteile des Vereinslebens.

Ein äußerst seltenes Fest konnte der Verein im Jahre 1992 feiern. Das 100-jährige Vereinslokal-Jubiläum wurde mit großem Aufwand begangen.

Sangesfreudige Männer, auch Jugendliche sind uns jederzeit willkommen.

Chorleitung

Friedrich-Wilhelm Herrmann

Friedrich-Wilhelm Herrmann (Jg. 1930) hat nach seiner Chorleiterausbildung 1960 verschiedene Chöre geleitet. Gesangsausbildung am Konservatorium Dortmund, Chorleiterausbildung in der Musikschule Lünen und der Westfälischen Schule für Musik in Münster, Abschlußstudium in Gütersloh. Er veranstaltete mit seinen Chören nicht nur jahreszeitliche Konzerte, sondern entwarf und baute auch die dazugehörigen Bühnenbilder. Im Jahre 1987 übernahm er den MGV „Frohsinn" 1881 und hat seit dieser Zeit viele Konzerte geleitet. Sein Hauptanliegen ist die Förderung des Sängernachwuchses.

MGV „Frohsinn" 1882 Bodelschwingh e.V.

Männerchor

Stimmaufteilung:
T 1+2, B 1+2

Beitrittsbedingungen:
keine

Chorbeitrag:
jährlich DM 72.- für aktive
Sänger

Kontaktadresse:
Friedhelm Hertz (VS)
Tel.: 0231 / 37 24 87

Probe: Vereinslokal „Tränke",
Richterstr. 25, Dortmund,
donnerstags 19.00 bis 20.30
Uhr

Im November 1882 gründete der Lehrer Carl Kochs mit 40 weiteren sangesfreudigen Männern den „Gesangverein Frohsinn". Der wirtschaftliche Aufschwung des Ruhrgebiets begünstigte auch Vereinsgründungen, und so wuchs der Gesangverein Frohsinn schnell zu einer beachtlichen Größe heran.

Die wechselvolle Geschichte der ersten 100 Jahre ist natürlich auch am MGV-Frohsinn nicht spurlos vorübergegangen: Neben Höhepunkten wie den Feiern zum 25- und 50-jährigen Bestehen 1907 und 1932 blieben auch Rückschläge nicht aus. Während der beiden Weltkriege und der Ruhrbesatzung mußte die Chorarbeit zeitweilig eingestellt werden.

Aber es fanden sich immer wieder Männer, die dem Frohsinn neues Leben einhauchten. So erlebte der Verein nach dem 2. Weltkrieg unter dem Vorsitz von Fritz Giese und Wilhelm Kay sowie unter der Chorleitung von Prof. Dr. Wilhelm Kölsche eine neue Blüte. Dank der Arbeit des unvergessenen Fritz Neuhaus sowie der Chorleiter Clemens Neudenberger, Lorenz Bextermöller und Günter Bethke konnte der Nachkriegsaufschwung erfolgreich fortgesetzt werden.

Heute zählt der Verein 260 Mitglieder. Mit 61 aktiven Sängern präsentieren wir uns als leistungsstarker Chor. Unsere Beteiligungen an bedeutenden Veranstaltungen wie z.B. einem Gutachtersingen am 2.11.1985 oder an dem Festkonzert des Sängerkreises

Dortmund zu dessem 60-jährigen Bestehen am 2.11.1986 fanden hohe Anerkennung.

Eine Reihe von Konzerten führte uns über Dortmunds Grenzen hinaus. Als bisherige Krönung unserer Reisen nimmt die 17-tägige Konzerttournee nach Amerika (24.3.-10.4.89) einen besonderen Stellenwert ein.
Neben den eigenen Reisen zeichnet sich der MGV-Frohsinn in den vergangenen Jahren auch immer wieder als Gastgeber aus.

Zum musikalischen Programm gehören kirchliches und weltliches Liedgut sowie Volks- und Heimatlieder.

Karl-Heinz
Poppe

Karl-Heinz Poppe studierte in Bochum Rechtswissenschaften und absolvierte 1980 sein Staatsexamen. Danach studierte er Musik mit den Sparten Schulmusik und Chorleitung in Essen. 1986 übernahm er die Leitung des Chores MGV „Frohsinn".

MGV „Sängerbund" Holzen 1907

Männerchor

Stimmaufteilung:
T 1+2, B1+2

Beitrittsbedingungen:
k.A.

Chorbeitrag:
k.A.

Kontaktadresse:
Hans Heidenfels (VS)
Tel.: 02304 / 8 10 04

Probe: Haus Ledendecker, Kreisstraße 30, 44267 Dortmund-Holzen, donnerstags von 20.00 bis 21.45 Uhr

Im Jahre 1907 gründeten einige Sänger den Männergesangverein „Sangeslust". Dirigent war damals ein Hauptlehrer.
Es gab später einen Zusammenschluß zwischen dem MGV Sängerbund und dem MGV Sangeslust, wobei sich dann der Name Sängerbund durchsetzte.
Der Zusammenschluss erwies sich als äußerst fruchtbar. Erfolgreiche Konzerte wurden veranstaltet und an mehreren Gesangwettstreiten konnte sich der MGV Sängerbund mit guten Erfolgen beteiligen. Als ein bedeutendes Ereignis in der jüngsten Vereinsgeschichte ist die Gründung des Kinderchores Holzen im Jahr 1974 herauszustellen. 1976 erhielt dieser Chor seine Selbständigkeit, so daß unser Verein nicht mehr Träger war.

1990 wurde die Vereinsführung von Herrn Gottfried Busch an Herrn Hans Heidenfels übergeben, wobei Herr Gottfried Busch weiterhin als Ehrenvorsitzender den Verein unterstützt.

Im Jahr 1990 übernahm auch unser derzeitiger Chorleiter Herbert Grunwald sein Amt. Hierdurch erfuhr der Verein einen enormen Aufschwung. Neben Volksliedern und dem klassischen Chorgesang erweiterte sich die musikalische Bandbreite unseres Chores über Musicals bis hin zu modernen zeitgenössischen Chorsätzen.

Neben dem alljährlich stattfindenden Frühjahrskonzert, zählt unser Weihnachtskonzert zu den Höhepunkten unserer Vereinstätigkeit, desweiteren

auch der von uns vor Jahren ins Leben gerufene Dorfabend, der sich zu einem festen Bestandteil im Veranstaltungskalender unseres Ortsteils entwickelt hat.

Trotz des Anschlusses an Dortmund ist die alte Verbundenheit zur Stadt Schwerte erhalten geblieben. Fast die Hälfte unserer Sänger wohnt in Schwerte. Darum ist es für uns selbstverständlich, dass wir auch im kulturellen Leben dieser Stadt mitwirken.
Dies erfahren wir auch immer wieder wenn wir zur Gestaltung von Feierstunden von sozialen karitativen Institutionen eingeladen werden. Auch dies ist ein Bestandteil unserer Chortätigkeit.

Chorleitung

Herbert Grunwald

Der musikalische Werdegang des 1945 in Dortmunds Partnerstadt Zwickau geborenen Musiklehrers Herbert Grunwald begann mit Akkordeon- und Klavierunterricht im Elternhaus. Nach dem Abitur 1966 studierte er am Konservatorium Dortmund Akkordeon, Klavier, Klarinette und an der Musikhochschule Münster (Chorexamen). Seit 1974 dirigierte Herbert Grunwald Chöre aller Stilrichtungen, darunter die bekannten „Florian Singer", ehe er 1992 die musikalische Leitung des DMGV übernahm. Mit seinen Fähigkeiten als Arrangeur und Komponist beschreitet er mit seinen Chören neue Wege auf dem Gebiet der Chormusik. Seit einigen Jahren ist er auch Kreischorleiter.

103

MGV Sängervereinigung 1864 e.V. Dortmund-Aplerbeck

Männerchor

Stimmaufteilung:
T 1+2, B 1+2

Beitrittsbedingungen:
keine

Chorbeitrag:
monatlich DM 10.-

Kontaktadressen:
Josef Peter (1. VS)
Tel.: 0231 / 45 43 36
Klaus Kuhnert (2. VS)
Tel.: 0231 / 45 32 88

Probe: im Vereinslokal „Georgs-klause", Aplerbecker Ruinen-straße, dienstags von 20.00 bis 21.45 Uhr

D er Männergesangverein „Sänger-vereinigung 1864 e.V" Dortmund-Aplerbeck, ist der älteste Männerchor in Aplerbeck. Die in den Jahren 1864 und 1880 gegründeten Männerchöre „Eintracht" und „Concordia" vereinig-ten sich 1932 zur heutigen „Sänger-vereinigung".
Im Laufe der langjährigen Vereins-geschichte hat die „Sängervereini-gung" maßgeblichen Anteil an der Ent-wicklung und Pflege des Chorgesangs in Aplerbeck. Durch die zahlreichen Auftritte in der Öffentlichkeit hat sich der Chor auch außerhalb von Aplerbeck viele Freunde und große Anerkennung erworben.
Zum 100-jährigen Bestehen - 1964 - wurde der „Sängervereinigung" die „Zelterplakette" verliehen. Weitere

namhafte Ereignisse waren: 1974 Kreisleistungssingen im „Freischütz" mit Prädikat für den Chor; 1978 Teil-nahme an den Auslandskulturtagen mit Jugoslawien in Aplerbeck; 1983 Teilnahme an den Auslandskulturtagen mit der Sowjet-Union in Aplerbeck; 1985 Teilnahme an den Auslands-kulturtagen mit Finnland in der Aula des Gymnasiums an der Schweizer Al-lee.

Im Jahre 1989 konnte die „Sänger-vereinigung" das 125-jährige Beste-hen feiern. Das Fest fand im „Frei-schütz" statt. Im vollbesetzten Saal konnte den Zuhörern unter der Mit-wirkung des Instrumentalvereins Dort-mund ein anspruchsvolles Programm geboten werden.

Innerhalb des Chores wird nicht nur gerne gesungen, sondern auch die Geselligkeit gepflegt. Frühlingsfeste, Grill- und Glühweinabende sowie Ausflüge mit den Sängerfrauen fördern das Harmonieverständnis und den Zusammenhang im Verein.

Der jährliche Höhepunkt unserer Aktivitäten ist das traditionelle Weihnachtskonzert, jeweils am letzten Samstag vor dem Weihnachtsfest, in der Aplerbecker „Georgskirche". Bei diesen Veranstaltungen ist die Kirche jeweils bis auf den letzten Platz besetzt und der Chor findet stets dankbare Zuhörer. Außerdem gehören die Auftritte im Sölder Seniorenheim anläßlich der Jahresveranstaltungen und zum Weihnachtsfest zum festen Bestandteil unserer Aktivitäten.

Chorleitung

Herbert Sperken

Herbert Sperken, (Jg. 1943) leitet den Chor seit dem 1.3.1997. Mit großem Engagement und pädagogischem Geschick hat er den Chor zu einem harmonischen Klangkörper gestaltet. Herr Sperken leitet noch einen weiteren Männerchor in Nordbögge.

Polizeichor Dortmund 1909

Männerchor

Stimmaufteilung:
T 1+2, B 1+2

Beitrittsbedingungen: Der Vorstand entscheidet nach dreimonatiger Probezeit über die Aufnahme; Beitritt beschränkt sich nicht nur auf Polizeibeamte

Chorbeitrag: jährlich DM 60.-

Kontaktadresse:
Polizeipräsidium Dortmund
Burkhard Nentwig (VS)
Tel. 0231/1326322

Probe: Polizeipräsidium Dortmund, Aula, 7. Etage, donnerstag von 16.00 bis 18.00 Uhr

Diskographie: CD erscheint dieser Tage

Die Geburtsstunde/Geburtsort des Polizeichores Dortmund lag im Jahre 1909 in der allseits bekannten Dortmunder „Steinwache". Damals unter der Bezeichnung Dortmunder-Polizei-Beamten-Gesangverein.
Es folgte eine wechselvolle Geschichte, die unter der Einwirkung der Kriege und Kriegsfolgen eine Kontinuität bzw. eindeutige musikalische Ausrichtung nicht zuließ.
Nach der Wiederbegründung im Jahre 1952 übernahm Chordirektor Emil Rabe die musikalische Leitung, die er dann 40 Jahre inne hatte. Ein Glücksfall. In dieser Zeit wurde der Chor geprägt. Gepflegt wurde die traditionelle und die kirchliche/geistliche Chormusik. Emil Rabe selbst schrieb in dieser Zeit ca. 300 Kompositionen.

1992 übernahm Herbert Grunwald die künstlerische Leitung des Chores. Mit ihm begann eine neue musikalische Ausrichtung des Chores. Populärmusik, gehobene Unterhaltungsmusik, dazu Gospels und Spirituals aus dem englisch sprachigen Raum bestimmen nunmehr die gesangliche Ausrichtung - eine überaus reizvolle und interessante Herausforderung.

In der Zeit ab 1952 reihten sich zahlreiche Auftritte in regionalen, nationalen und auch internationalen Bereichen aneinander. Beachtung und breite Resonanz findet das alljährliche Weihnachtskonzert in der Dortmunder Westfalenhalle, das gemeinsam mit dem Dortmunder Männer Gesangverein und dem Kammerchor ausge-

richtet wird; ergänzt durch namhafte Solisten u. Solistinnen.

Neben der Singetätigkeit entwickelt der Polizeichor ausgeprägte Reiseaktivitäten. Reisen bis hin nach Kanada gehören zu unseren Programmen.

Chorleitung

Herbert Grunwald

Herbert Grunwald wurde 1945 in Crimitzschau, Kreis Zwickau, geboren. Nach dem Abitur begann er sein musikalisches Studium, das er an mehreren Musikhochschulen in verschiedenen Fächern absolvierte. Anschließend unterrichtete er als Musikdozent. Zunächst an der Musikschule Beckum und seit 1974 an der Musikschule Dortmund, an der er auch heute noch tätig ist. Seine Chorleitertätigkeit begann 1974, als er drei Chöre aus dem Lüner Raum leitete. Danach übernahm er die musikalische Leitung der Florian-Singers Dortmund und des MGV „Sängerbund" Holzen. Seit 1992 ist Herbert Grunwald Chorleiter des Polizeichores Dortmund, des Dortmunder Kammerchores und des Dortmunder Männergesangvereins.

Quartettverein Dortmund-Mengede von 1923

Männerchor

Stimmaufteilung:
T 1+2, B 1+2

Kontaktadresse:
Ulrich Deinet (VS)
Tel.: 0231 / 33 24 95

Beitrittsbedingungen:
wir freuen uns über jeden
neuen Sänger, Vorsingen wird
nicht verlangt

Probe: Restaurant Berghof,
Mengeder Str. 687, 44359
Dortmund, dienstags von 19.00
bis 20.30 Uhr

Chorbeitrag:
jährlich DM 120.-

Im Jahr 1923 schlossen sich 17 sangesfreudige Sänger zusammen, um einen Chor zu bilden, der unter dem Namen Quartett-Verein Mengede sein Wirken begann. Um seine Verbundenheit mit der Steinkohlenzeche - Adolf von Hansemann - zum Ausdruck zu bringen, nannte er sich später Quartett-Verein Adolf von Hansemann. Viele Arbeiter und Angestellte dieser Anlage gehörten dem Quartett-Verein als aktive und fördernde Mitglieder an, und fanden hier Freude und Erfüllung am deutschen Männerchorgesang.

Noch in den fünfziger- und Anfang der sechsziger Jahre konnte der Verein über 90 Sänger verfügen.

Als die Stillegung der Zeche Adolf von Hansemann 1963 erfolgte, schmolz die Sängerzahl erheblich. Viele Männer verloren ihren Arbeitsplatz und zogen in andere Regionen. Der Quartett-Verein Dortmund-Mengede von 1923 verfügt heute noch über 20 Aktive Sänger - es sind Männer aus allen Berufsschichten - um deutsches aber auch Liedgut aus aller Welt in einer lockeren Atmoshphäre zu lernen. Unser Liedgut findet bei Konzerten, öffentlichen Veranstaltungen sowie bei privaten Feiern regen Zuspruch.

Allein die Freude am Gesang läßt den Dienstag zu einem Erlebnisabend werden.

Chorleitung

Horst Stein-
hausen

Quartettverein Sangesfreunde Westhausen

Männerchor

Stimmaufteilung:
T 1+2, B 1+2

Kontaktadresse:
Friedhelm Stolle (VS)
Tel.: 0231 / 37 07 08

Beitrittsbedingungen:
keine

Probe: im Vereinslokal,
montags ab 19.00 Uhr

Chorbeitrag:
monatlich DM 5.-

Diskographie:
Einige Schallplattenaufnahmen
aus Vor- und unmittelbarer
Nachkriegszeit;
aktuelle CD vom Jubiläumskonzert (1999)

Der Männergesangverem „Quartett-
verein Sangesfreunde Westhausen" wurde im Jahre 1924 gegründet,
einige Klassen- bzw. Ehrenpreise und
sogar ein Dirigentenpreis im Kreis
Dortmund ließ den Chor ständig wach-
sen. Nach dem Zusammenschluß mit
dem „Beamtengesangverein Westhausen" erreichte der Chor bei einem
Wertungssingen in Dortmund das Prädikat „gut".
Durch Militärdienst und Kriegsaus-
bruch wurde die Aufwärtsentwicklung
jedoch gestoppt. Nach dem Verlust des
Notenmaterials durch Bomben begann
ein zögerlicher Neuanfang des Chorlebens nach Ende des Krieges.
Doch schon 1952 berechtigte ein 1.
Platz beim Bezirksleistungssingen die
Teilnahme am Bundeswettstreit.

Gleichzeitig wurden in der Zeit von
1950 bis 1958 unter dem Motto „Bergleute singen für Bergleute" großarti-
ge Konzerte im Capitol in Dortmund
veranstaltet.
Für die Betreuung zahlreicher ausländischer Gäste der „Auslandskulurtage"
der Stadt Dortmund von 1977 bis
1987 stellte sich der Chor zur Verfügung. Stargast bei unserem Frühjahrskonzert 1986 war dann der durch
Rundfunk und Fernsehen bekannte
Kammersänger Günter Wewel.
Heute gibt unser Chor Frühjahrs- und
Weihnachtskonzerte allein und/oder
Gemeinschaftskonzerte mit dem
Schwerter Männergesangverein „Flü-
gelrad". Außerdem sind wir Teilnehmer
oder auch Ausrichter beim jährlich
stattfindenden „Tag des Liedes" im

Schlosspark Bodelschwingh, einer Gemeinschaftsveranstaltung aller Westerfilder und Bodelschwingher Chöre sowie des Bläserchores der evang. Kirche Bodelschwingh (insgesamt neun). Alle diese Chöre gestalten auch jährlich ein gemeinsames Weihnachtskonzert in der kath. Kirche Bodelschwingh.

Auch heute noch pflegen wir das traditionelle Chor-, Volks- und Weihnachtslied mit Tendenz zum modernen Lied.

Mit der jährlich stattfindenden Karnevalsveranstaltung und einem Wandertag kommt auch das Vereinsleben nicht zu kurz. Die Mitglieder unseres Männerchores (z.Z. 36 Sänger) sind engagierte musikalische Laien, die das Singen als enthusiastisches Hobby betreiben.

Joseph W. Gemmeke

Joseph W. Gemmeke (Jg. 1944), Studium an der Musikhochschule Detmold, Abteilung Dortmund, Fach: katholische Kirchenmusik, Abschluß: Kantoren A-Examen. Chordirektor ADC. Joseph Gemmeke war Kantor an verschiedenen Gemeinden des Ruhrgebietes. Er leitet die Musikschule der Stadt Schwerte.

Quartettverein Stahl und Eisen

Männerchor

Stimmaufteilung:
T 1+2, B 1+2

Beitrittsbedingungen:
keine

Chorbeitrag:
monatlich DM 4.-

Kontaktadresse:
Rolf Verheyden
Tel. 0231 / 41 44 61

Probe: „Volmarsteiner Platz",
Neuer-Graben, 44137 Dortmund, dienstags von 19.00 bis 21.00 Uhr

Der Quartettverein Stahl und Eisen wurde 1934 von Mitarbeitern der „Dortmund Hörder Hüttenunion" gegründet. Hatte der Verein zur Gründungszeit nur 6 aktive Sänger, so wuchs er doch sehr schnell mit 35 Sängern zu einem stimmgewaltigen Chor an. Viele Auftritte im In- und Ausland machten den Chor bekannt. Wie aus der Chronik hervorgeht, fanden in den Nachkriegsjahren sehr viele karnevalistische Auftritte und Feste statt. Seit unser Dirigent Herr Bernhard Becker im Jahre 1966 die Chorleitung übernahm, wurde der Anteil geistlicher Lieder im Repertoire immer größer und anspruchsvoller. Das chorische Meisterstück legte der Chor bei der Aufführung des „Requiem d – moll" von Luigi Cherubini ab.

Nach einer Einstudierungszeit von ca. 2 Jahren wurde das Stück am 1. November 1992 mit dem Orchesterverein Pilsen aus der Tschechoslowakei in der Petrikirche aufgeführt. Wenn man bedenkt, daß dieses Chorwerk jeden Sänger, auch den eines guten Laienchores bis an seine Leistungsgrenze führt, so ist die Aufführung dieses Requiems sicherlich ein Markstein in der Geschichte eines Männerchores (Zitat des Chorleiters). Leider hat sich unser Chor heute bis auf 12 Sänger reduziert, die jedoch alle mit „Leib und Seel" singen. Deshalb treten wir nur noch gemeinsam mit befreundeten Chören, die ebenfalls unter der Leitung unseres Dirigenten Herrn Becker stehen, öffentlich auf. Große Erfolge hatte und hat

der Chor in Tachow bei Marienbad (Tschechien) wo wir mit dem dort ansässigen Frauenchor eng verbunden sind und eine völkerverbindende Freundschaft pflegen. Der chorische Höhepunkt des Jahres ist unser Weihnachtskonzert in der Immanuel -Kirche in Dortmund-Marten. Der Besucherandrang ist so groß, daß wir jeweils 2 Konzerte hintereinander geben müssen. Am 25. Juni 2000 traten wir im Gemeinschaftschor im großen Haus des Dortmunder Stadttheaters auf.

Bernhard Becker

Bernhard Becker leitet den Quartettverein Stahl und Eisen seit 1966.

Shanty-Chor Dortmund e.V.

Shanty-Chor

Stimmaufteilung:
normalerweise nur T, B;
gelegentlich T 1+2, B 1+2

Beitrittsbedingungen:
als Aktive werden nur Männer
aufgenommen, sonst keine
Bedingungen oder Beschränkungen, kein Probesingen

Chorbeitrag: für aktive und
fördernde Mitglieder DM 42.-
jährlich

Kontaktadressen:
Benno Willecke (1. VS)
Tel.: 0231 / 61 44 62

Peter Bercio (2. VS)
Tel.: 0231 / 63 41 28

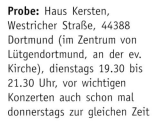

Probe: Haus Kersten,
Westricher Straße, 44388
Dortmund (im Zentrum von
Lütgendortmund, an der ev.
Kirche), dienstags 19.30 bis
21.30 Uhr, vor wichtigen
Konzerten auch schon mal
donnerstags zur gleichen Zeit

Diskographie: Es wurden 2 CD/
MC erstellt: „Leinen los!" und
„Windjammer", dritte Veröf-
fentlichung erscheint dieser
Tage

Im Jahr 1980 trafen sich 11 Mitglieder der Marinekameradschaft Lütgendortmund und Öspel Kley zum ersten Mal, um als Shanty-Chor Lütge-Kley Shanties und andere Seemannslieder zu singen. Was damals mit 11 Leuten begann, hat sich heute zu einem Chor mit über 60 aktiven Mitgliedern ausgewachsen und heißt heute Shanty-Chor Dortmund.
Heute hat der Chor seine eigene Combo, die z.Z. aus drei Akkordeonspielern, zwei Gitarrenspielern und einem Schlagzeuger besteht. Der Chor verfügt über eigene Musikinstrumente, eigene Verstärker, Lautsprecher und was sonst noch zu einem erfolgreichen Auftritt nötig ist.
Die musikalische Leitung liegt seit 12 Jahren bei Wolfgang Bercio. Unter seiner Leitung wurden bisher etwa 140 Titel erarbeitet. Der Chor singt sowohl echte Shanties und traditionelle Seemannslieder, alsauch Lieder aus Musical, Film und dem Popbereich. Im Chor gibt es normalerweise nur zwei Stimmlagen: erste (Tenor) und zweite Stimme (Bass), sowie Vorsänger (shantymen) bzw. Solisten.
Der Chor ist in Dortmund zu einem festen Programmpunkt vieler Veranstaltungen geworden und gibt auch seine eigenen Konzerte. Aber auch über Dortmund hinaus ist der Chor bekannt. Er unternimmt einmal oder mehrmals im Jahr Konzertreisen, 1999 zum Beispiel nach Rostock, Cuxhaven und Sindelfingen.
Der Shanty-Chor Dortmund ist ein gemeinnütziger Verein, der die Pflege

Wolfgang
Bercio

maritimen Brauchtums, insbesondere des maritimen Liedergutes zum Vereinsziel hat. Er spendet regelmäßig an die Deutsche Gesellschaft zur Rettung Schiffbrüchiger.

Auch seinen sozialen Verpflichtungen im lokalen Umfeld stellt sich der Chor und singt ohne Gage in Krankenhäusern oder Seniorenheimen oder spendet erhaltene Gagen caritativen Zwecken.

Der Chor ist eine fröhliche, manchmal auch leicht verrückte Chorgemeinschaft, die das Meer liebt und gerne davon singt. Wir wünschen uns besonders den Zugang von jüngeren Kameraden, um nicht ein Ein-Generation-Verein zu sein und auch vom eigenen musikalischen Geschmack her diversifiziert und jung zu bleiben.

Chorleiter ist Wolfgang Bercio, Jahrgang 1949. Wolfgang Bercio kam über das Akkordeonspielen zur Musik. Von da und von seiner Mitgliedschaft in der Marinekameradschaft Lütgendortmund war es nicht weit bis zum Shanty-Singen. Er ist Mitbegründer des Shanty-Chores und leitet den Chor seit 12 Jahren.

Werks-Chor Maschinen- und Stahlbau 1949 e.V. Dortmund-Derne

Männerchor

Stimmaufteilung:
T 1+2, B 1+2

Kontaktadresse:
Heinz Peter Michalski (VS)
Tel.: 0231 / 80 03 68

Beitrittsbedingungen:
Beitrittsbedingungen, wie
Altersbegrenzung oder Vorsin-
gen, gibt es bei uns nicht

Probe: ab 15.6.2001 im
Gemeindezentrum der ev.
Kirche in Kirchderne

Chorbeitrag:
ab 2002 zwei Euro monatlich

Im Jahr 1949 wurde der „Werks-Chor" gegründet. Hubert Hülsmann - Initiator der Gründung - war auch zugleich der Dirigent und führte den Chor in den ersten Jahren zu einem ansehnlichen Erfolg innerhalb der damaligen Hauptwerkstatt. Ab 1963 übernahm Hermann Langenkemper die musikalische Leitung und formte die Sänger weiter zu einem homogenen Klangkörper. Er starb im Jahr 1972. Die Fortentwicklung auf klanglichem Gebiet leitete ab dem Jahr 1972 Musikdirektor Emil Rabe ein, der den Chor übernommen hatte und ihn mit Überlegung und Bedacht aus den alten Bindungen und Konventionen löste. Das neue Lied hielt seinen Einzug. Rabe leitete den Chor bis 1978 sehr erfolgreich. Unter seiner Dirigentschaft fei-erte der Chor 1974 das 25-jährige Jubiläum. Der Dortmunder Kammerchor und der MGV Derne-Hostedde wirkten im Union-Haus, Dortmund -Derne, mit. Das Dirigat übernahm im Jahre 1978 der Musiklehrer Herbert Grunwald. Er vermittelte sowohl klassisches als auch modernes Liedgut, das durch eigene Arrangements bereichert wurde, und den kulturellen Status des Werks-Chores noch weiter erhöhte.

Mit Jürgen Leschke hat der Werks-Chor seit 1993 einen Dirigenten, der zielstrebig und ehrgeizig zu Werke geht, um den Werks-Chor weiterhin in der Öffentlichkeit zu präsentieren und seinen guten Ruf bei Konzerten und Veranstaltungen unter Beweis zu stellen. Unter seiner Regie fand auch das

Festkonzert anlässlich der 50-Jahrfeier statt.

Zu erinnern ist an die zahlreichen Auftritte des Werks-Chores anläßlich regionaler und überregionaler Veranstaltungen wie „Gala der Chöre" im Westfalenpark, „Großer Chor" im Westfalenstadion, „Bergleute singen und musizieren für Bergleute" im Festspielhaus Recklinghausen, Ausstellungseröffnungen im Bergbaumuseum in Bochum, Auftritt bei der Bundesknappschaft in Bochum sowie Mitgestaltung bei Konzerten der Brüdervereine Germania Niederaden, der Harmonie Lünen-Süd sowie dem MGV Westfalen, um nur einige zu nennen.

Chorleitung
Jürgen Leschke

Jürgen Leschke, (Jg. 1961) studierte u.a. Musik und Gesang in Paderborn, Köln und Düsseldorf. 1990 staatliche Musiklehrerprüfung für Gesang und Künstlerische Reifeprüfung. Jürgen Leschke arbeitet als Konzertsänger und hat sich ein umfangreiches Repertoire erarbeitet. Er wirkte bei zahlreichen Uraufführungen beim WDR und dem Deutschlandfunk mit. Seit 1982 arbeitet Leschke auch als Chorleiter. Neben seiner Beschäftigung mit dem oratorischen Bereich versucht er vor allem, dem Männerchorgesang durch die Erarbeitung neuer Literatur zu einem neuen Aufschwung zu verhelfen. Seit 1989 ist Jürgen Leschke Lehrbeauftragter für Gesang an der Universität Dortmund.

Frauenchöre

Frauenchor Eintracht Dortmund-Sölde

Frauenchor

Stimmaufteilung:
S 1+2, A 1+2

Beitrittsbedingungen:
keine

Chorbeitrag:
monatlich DM 6.-

Kontaktadresse:
Brigitte Michalowski (VS)
Tel.: 0231 / 40 04 68

Probe: Gaststätte „Zur Dorfschänke", Am Kapellenufer 73, 44289 Dortmund-Sölde, mittwochs ab 20.00 Uhr

Der Frauenchor Eintracht Dortmund-Sölde wurde im Jahre 1960 von zehn Frauen gegründet. Ein Chorleiter wurde gefunden und schon konnte mit den Proben begonnen werden. Leider mußte Herr Externbrink schon ein halbes Jahr später aus gesundheitlichen Gründen seine Tätigkeit aufgeben. Ihn löste Musikdirektor Wolfram Baumeister ab. Er leitete den Chor bis zu seinem plötzlichen Tode im Jahre 1988. Unter seiner Führung wuchs der Chor zu einer immer größer werdenden, freundschaftlich verbundenen Gemeinschaft zusammen.

Auch leistungsmäßig wurde im Laufe der Jahre viel erreicht. Der Chor trug von 1972 bis zum Jahre 1993 den Titel „Meisterchor im Deutschen Sängerbund". Zahlreiche Pokale zeugen von den erfolgreich durchgeführten Sanges-Wettstreiten.

Seit 11 Jahren singt der Frauenchor unter der Leitung von Herrn Diethard Prause. Das Repertoire reicht vom Volkslied über Musical bis hin zur klassischen Chormusik und inzwischen auch Spirituals (englisch). Jährlich werden 2 Konzerte ausgerichtet. Ein Frühjahrs- oder Sommerkonzert wird zusammen mit anderen Chören oder Instrumentalgruppen durchgeführt. Höhepunkt des Jahres ist das traditionelle Konzert zum Buß- und Bettag, welches mit dem Männergesangverein „Eintracht Dortmund-Sölde" gestaltet wird. Bei diesem Konzert wirken auch ausgesuchte Solisten mit. Der Chor nimmt gern an Fremdkon-

zerten und Freundschaftssingen teil und singt auf Wunsch zu den verschiedensten Feierlichkeiten.

Zahlreiche Konzertreisen führten den Frauenchor in verschiedene Länder und Hauptstädte Europas.

Der Chor umfaßt zur Zeit 50 Sängerinnen verschiedener Altersstufen. Geselligkeit wird groß geschrieben, denn sie fördert den Zusammenhalt. Sangesfreudige Mitstreiterinnen sind jederzeit willkommen.

Chorleitung

Diethard Prause

Diethard Prause (Jg. 1941) übernahm 1954 erstmalig die Tätigkeit als Organist in der St. Bonifatius-Gemeinde Lichtendorf. Im Herbst 1972 Übernahme des Amtes des Chorleiters in der Heimatgemeinde St. Bonifatius Lichtendorf. 1974 Aufnahme des Studiums an der Musikhochschule in Münster in den Fachbereichen Schulmusik, Klavier, Komposition und Chorleitung. Examen im Frühjahr 1977. Seit Herbst 1977 als Musiklehrer tätig an der Musikschule Lennetal e.V. in Werdohl. Anfang der 80er Jahre Chorleiter in Hl. Geist Schwerte-Ost und St. Bonifatius Schüren. 1988 mit der 850-Jahr Feier von Sölde Übernahme des MGV Eintracht-Sölde und des Frauenchores Eintracht Sölde.

Frauenchor „Lyra" Dortmund-Eichlinghofen

Frauenchor

Stimmaufteilung:
S 1+2, A 1+2

Kontaktadresse:
Ruth Behlau
Tel.: 0231 / 75 05 53

Beitrittsbedingungen:
keine

Probe: Ev. Gemeindehaus,
Persebecker Str. 44, Dortmund
(Eichlinghofen), montags von
17.30 bis 19.30 Uhr.

Chorbeitrag:
k.A.

Sangesfreudige Frauen und Mädchen kamen im Jahre 1920 im Lokal Wagener, Eichlinghofen, zusammen und gründeten den Frauen- und Mädchenchor „Lyra". Unter der Leitung des ersten Dirigenten, Herrn Schade aus Hörde, begann der Verein seine Tätigkeit.

Mit den Jahren entwickelte sich der Chor und gab kleinere Konzerte. Neben reinem Frauengesang wurde auch der gemischte Chorgesang gepflegt. Allein, aber auch mit dem Männergesangverein „Bruderbund", wurden viele Konzerte veranstaltet.

1933 wurde der Chor verboten. Mit 30 Sängerinnen wurde 1946 unter der Leitung des Herrn Lehnen neu begonnen. So gab der Frauenchor „Lyra" laufend Konzerte. Im Mai 1950 übernahm Herr Bock, Witten-Stockum, als Dirigent den Chor. Dieser leitete den Chor 30 Jahre bis zu seinem plötzlichen Tod im Jahre 1980. Herr Johannes Gärtner führte danach den Frauenchor mit viel Erfolg weiter. Es fanden diverse Auftritte statt, wie beispielsweise bei Freundschaftssingen, in Altenheimen, bei Frühjahrs- und Herbstkonzerten der AWO, auf dem Christkindl-Markt in Dortmund-Hombruch, und Gemeinschaftskonzerten des Deutschen Allgemeinen Sängerbundes e.V. Hier ist besonders das historische Konzert im Jahre 1982 hervorzuheben, welches die Arbeiterbewegung, aus der auch unser Chor entstand, in Lied- und Wortbeiträgen darstellte.

Seit 1992 nun leitet Herr Dieter An-

nacker den Chor. Vor allem Nachwuchs-probleme machten dem Frauenchor „Lyra" zu schaffen, und so schloss man sich im Februar 1994 mit dem Frauenchor „Liederkranz" Oespel zusammen, um mit 45 Sängerinnen gemeinsam den Chorgesang zu pflegen. Die Stadt Wien hatte den Chor 1995 zu den vorweihnachtlichen Veranstaltungen des Kulturamtes eingeladen. Unser Repertoire umfasste neben volkstümlicher auch sakrale und Musical-Melodien. Im November 1999 veranstalteten die Eichlinghofer Chöre ein Gemeinschaftskonzert im Audimax der Universität Dortmund. Dies wurde ein grosser Erfolg.

Im Mai 2000 feierte der Frauenchor „Lyra" sein 80-jähriges Jubiläum.

Chorleitung

Dieter Annacker

Dieter Annacker, geboren 1959 in Dortmund, erlernte im Alter von 6 Jahren bei seinem Vater Klavierspielen. Später setzte er seinen Unterricht bei Herrn Hugo Köhler an der Musikschule in Dortmund fort. Während der Dauer von 2 Jahren durchlief er eine vorberufliche Ausbildung (Harmonielehre, Klarinette). Mit 16 Jahren war er als Sänger im Volkschor Hörde, ebenso im DAS in der Landesgruppe und im Kreis als 1. Vorsitzender tätig. Parallel dazu bildete er sich auf dem Vize-Chorleiter Lehrgang beim DAS weiter. 1988 gründete Herr Dieter Annacker den gemischten Chor der AWO Wichlinghofen.

Kinder- und Jugendchöre

„Die kleinen Strolche" und „Non poco piano"

Kinder- und Jugendchor des Gem. Chores Dortmund-West

Stimmaufteilung:
Jugendchor S1+2, A1+2,
Männerstimme

Beitrittsbedingungen:
Alle Kinder und Jugendliche die
Spaß am Singen haben, sind
eingeladen bei unseren
Gesangstunden probehalber
teilnehmen. Sollte ein
ernsthaftes Interesse bestehen, können sie unserem Chor
beitreten.

Chorbeitrag:
DM 5.- monatlich

Kontaktadresse: Die kleinen
Strolche und Non poco piano,
Karin Marquardt
Tel.: 0231 / 69 28 28

Probe: Aula der Friedens-
Grundschule, Lina-Schäferstr.
36, 44379 Dortmund, Kinderchor: montags von 17.00 bis
17.45 Uhr; Vorjugendchor:
montags von 16.15 bis 17.00
Uhr, Jugendchor: mittwochs
von 18.30 bis 20.00 Uhr.

Der Kinder- und Jugendchor wurde im Juni 1991 in Dortmund gegründet. Im Kinderchor werden 4-8-
Jährige auf spielerische Art an die
Musik herangeführt.

Durch Sing- und Tanzspiele wird ihnen der Spaß am Gesang vermittelt.
Der Vorjugendchor, mit den 9-14-jäh-
rigen Sängern und Sängerinnen, bereitet sich mit mehrstimmigem Gesang
und Stimmübungen auf den Jugendchor vor. Die Qualität des Gesangs wird
gezielt verbessert, aber auch hier ist
es Ziel die Freude am Gesang zu fördern. Der Jugendchor nennt sich seit
Anfang des Jahres 2000 „Non poco
piano". Hier werden mehrstimmige
und anspruchsvollere Musikstücke erarbeitet und die Stimmschulung nimmt

einen großen Teil der Probenzeit in
Anspruch. Das Repertoire reicht von
Kirchenmusik über Volkslieder, Gospels
bis hin zur Popmusik.

Alle drei Gruppen werden von Chorleiterin Andrea Schulz geleitet und gefördert. Durch pädagogische Fachkräf-
te werden die Kinder und Jugendlichen bei jeder Probe betreut und unterstützt.

oben: „Non poco piano"
links: „Die kleinen Strolche"

Chorleitung

Andrea Schulz

Andrea Schulz wurde 1967 in Castrop-Rauxel geboren. Sie ist verheiratet und hat zwei Kinder. Schon als Kind begann sie mit Klavier- und Blockflötenunterricht, den sie 12 Jahre lang genoß. Seit ihrem 18. Lebensjahr singt sie in verschiedenen Chören, wie dem Jungen Chor und dem Gemischten Chor. 1988 begann sie erstmals eine Ausbildung zur Vize-Chorleiterin, die sie erfolgreich abschloß. Im Jahr 2000 schloß Andrea Schulz bereits den C-1 Lehrgang ab und zur Zeit ist sie dabei den C-2 Lehrgang abzuschließen. Andrea Schulz ist seit der Gründung des Chores Mitglied und Chorleiterin.

Ev. Kinder- und Jugendchor DO-Westerfilde

Kinder- und Jugendchor

Stimmaufteilung: Der Vorchor singt einstimmig, der Kinder- und Jugendchor S 1+2, A

Beitrittsbedingungen: Voraussetzung ist, daß die Bedingungen und Anforderungen des Chores akzeptiert werden

Chorbeitrag:
für alle aktiven und passiven Mitglieder wird z. Z.,ein Jahresbeitrag von 12,- DM erhoben

Kontaktadresse:
Hans Schimpke (CL)
Tel.: 02305 / 6 14 12

Probe: Ev. Gemeindehaus Dortmund – Westerfilde, Westerfilder Str. 11; dienstags der Mäusechor von 16.45 Uhr bis 17.30 Uhr, der Kinder- und Jugendchor von 17.30 Uhr bis 19.00 Uhr.

Der Ev. Kinder- und Jugendchor wurde im Jahr 1975 gegründet, 1985 der Vorchor, der später zum „Mäusechor" (Kinder zwischen 5 und 10 Jahren) wurde. Beide Chöre beteiligen sich an den Veranstaltungen der örtlichen Chöre. Der Kinder- und Jugendchor unternahm 1990 seine erste Konzertreise durch Kanada: Toronto, Ottawa, Montreal und die Niagara-Fälle waren einige der Stationen. Von 1991 bis 1994 gab es einen Austausch mit dem ungarischen Schulchor „Kleine Harmonie" aus Budapest. 1991 und 1993 wohnten die Ungarn jeweils eine Woche bei den Eltern unserer Kinder, 1992 und 1994 hat unser Chor jeweils eine Woche bei den Eltern der Kinder in Budapest verbracht. 1995 gab es die zweite Kana-da-Reise, jetzt von Edmonton durch die Rocky Mountains bis Vancouver. Im Sommer 2000 haben wir wieder eine Konzertreise durch Kanada mit ähnlichen Zielen wie 1990 durchgeführt.

Der „Mäusechor" hält sich einmal jährlich für ein Wochenende in einer Jugendherberge auf.

Der „Mäusechor" singt einmal jährlich in den Altenheimen der Region. Beide Chöre beteiligen sich an den Konzerten der regionalen Chöre und singen seit 1984 in jedem Jahr auf der Bühne des Dortmunder Weihnachtsmarktes. Der Kinder- und Jugendchor hatte seine wichtigsten Konzerte bei den Reisen und dem Austausch mit dem Budapester Chor, Auftrittsorte in Dortmund waren bisher die große und

kleine Westfalenhalle, das Opernhaus, der Westfalenpark usw. Im Jahr 2000 feierte der Chor am 16.9.2000 sein 25-jähriges Jubiläum und trat aus diesem Anlaß im Dortmunder Rathaus und dem Goldsaal der Westfalenhalle auf.

Der Mäusechor singt eine Mischung aus alten und neuen Liedern. Der ev. Kinder- und Jugendchor singt geistliche Musik, Spirituals, Volkslieder, Musicals, Schlager usw., alles was Spaß macht und beim Publikum angebracht werden kann. Im Rahmen der Jugendarbeit der Kirchengemeinde haben wir es uns zur Aufgabe gemacht, alle Kinder, die kommen, aufzunehmen und zu versuchen, ihnen das Singen beizubringen.

Chorleitung

Hans Schimpke

Hans Schimpke ist Organist in Dortmund-Westerfilde seit 1956, 1958 C-Prüfung an der Kirchmusikschule, seitdem nebenamtlicher Kirchenmusiker in Dortmund-Westerfilde.

Florian Kids

Kinder- und Jugendchor

Stimmaufteilung:
k.A.

Beitrittsbedingungen: alle
Mädchen und Jungen im Alter
von sieben bis vierzehn Jahren
sind herzlich willkommen;
Aufnahme als Sänger/in nach
Feststellung der musikalischen
Eignung durch die Chorleiterin

Chorbeitrag:
DM 6.- monatlich für aktive
Mitgliedschaft; DM 8,- monatlich für fördernde Mitgliedschaft

Kontaktadresse:
Rüdiger Möller
Tel.: 0231 / 65 12 23

Probe: Leibnitz Gymnasium,
Musiksaal, Kreuzstraße 163,
44137 Dortmund, donnerstags
von 17.00 bis 18.30 Uhr

Diskographie: Gemeinsame CD
der Kids mit den Florian
Singers, Titel „WIR"

Die Florian Kids formierten sich erstmalig 1991 als Kinder- und Jugendchor der Florian Singers Dortmund e.V. Musikalisch sind „die Großen" ihr Vorbild. Neben traditioneller Chorliteratur und bekannten Volksliedern singen die Florian Kids eigene, zeitgemäße Kinderlieder und „poppige Songs mit Pepp".

Schon im Gründungsjahr traten die Kids zusammen mit den Singers auf, eigene Konzerte und Auftritte folgten schnell. So sind sie natürlich auch auf der ersten CD der Florian Singers zu hören, die 1994 aufgenommen wurde.
Als eigenständige Abteilung der Florian Singers führen die Florian Kids Bildungsmaßnahmen, Ausflüge, Feri-

enfahrten und internationale Jugendbegegnungen durch. So machten Auslandsfahrten, z.B. nach Leeds, oder auch Probenwochenenden in Jugendherbergen das Chorleben abwechslungsreich.
Sind die Kinder dann älter als 15 Jahre, werden sie in den „Erwachsenenchor" übernommen. Dieses geschah im Frühjahr 1996, und der Kinderchor war kinderlos.

Die Kids, die heute auf der Bühne stehen, sind also schon die zweite Generation, deren erste Chorprobe im Herbst 1996 stattfand. Heute sind sie in der Lage, Auftritte mit mehr als einstündigem Programm zu gestalten. Solche Programme absolvieren sie u. a. auf den Weihnachtsmärkten in Dort-

Ulrike
Dommer

mund und Unna, diverse Veranstaltungen im Westfalenpark, im Fredenbaumpark, sowie im Bürgersaal des Rathauses. Sehr häufig werden die Kids verpflichtet, um die Rahmenprogramme diverser Feierlichkeiten zu gestalten, z.B. Weihnachtsfeier des Dortmunder Stadtrates, der Volksbühne, Eröffnung einer Malerausstellung, Schulfeste etc.

Ein Höhepunkt in der Geschichte der neuen Kids war der gemeinsame Auftritt mit Johannes Rau anläßlich einer AWO-Veranstaltung in Sprockhövel.

Ulrike Dommer hat in Dortmund Schulmusik studiert und ihr kirchenmusikalisches C-Examen absolviert. Nach dem Referendariat und weiteren zwei Jahren im Schuldienst entschloß sie sich, sich freiberuflich dem weiten Feld der Musikpädagogik zu widmen. Zur Zeit ist sie in den Musischen Werkstätten des ev. Krankenhauses in Mühlheim beschäftigt, unterrichtet an Musikschulen und ist als Chorleiterin aktiv.

Internationale Kindermusikgruppe Kleiner Taubenschlag e.V.

Kinderchor

Stimmaufteilung:
in der Regel einstimmig

Beitrittsbedingungen:
keine außer dem Alter (ab 1. Schuljahr), dem regelmäßigen Besuch der Proben und der teilnahme an Auftritten

Chorbeitrag:
kein Beitrag

Kontaktadresse: Christine Hartman-Hilter
Tel.: 0231 / 12 71 91

Probe: Musikschule Dortmund, Kleiner Saal, Steinstr. 35, 44139 Dortmund, donnerstags von 15.30 bis 16.30 Uhr

Die internationale Kindermusikgruppe Kleiner Taubenschlag gibt es schon seit 1981, damals unter der Leitung von Lisa Wittmann, Grundschullehrerin an der Fine Frau-Grundschule in Dortmund Dorstfeld. Der Aspekt der Integration von Schülerinnen und Schülern aus ausländischen Familien stand damals als Idee im Mittelpunkt und auch heute noch singen Kinder aus etwa 10 verschiedenen Nationen mit. Vor sieben Jahren wechselte die Leitung: Christine Hartman-Hilter übernahm den Kleinen Taubenschlag 1994, seitdem ist er als Kinderchor Kleiner Taubenschlag ein Ensemble der Musikschule Dortmund und für alle interessierten Sängerinnen und Sänger ab der ersten Schulklasse offen.

Die meisten Kinder des Kinderchores Kleiner Taubenschlag wohnen in der Innenstadt Nord, in der auch die Musikschule Dortmund liegt. Als Stadtteil mit besonderem Erneuerungsbedarf weist er ein hohes Maß an sozialen Problemfeldern auf von denen Kinder besonders betroffen sind. Finanziert durch Spenden- und Fördermittel bietet der Verein Kleiner Taubenschlag deshalb Musikprojekte an Grundschulen in der Innenstadt Nord an und motiviert so die Kinder, in die Musikschule Dortmund zu den Chorproben zu kommen. Die Idee, über gemeinsame musikalische Erlebnisse Kontakt und Begegnung zwischen Kindern mit unterschiedlichem kulturellen Hintergrund zu ermöglichen, ist eine der Hauptaufgaben des Kleinen Taubenschlage.

Die Kinder haben viele Auftritte im Jahr. Sie singen bei Veranstaltungen gemeinnütziger Vereine ebenso wie in Seniorenheimen, auf Festen oder Musikschulkonzerten und im Jahr 2001 steht als besondere Aufgabe die Gestaltung des zwanzigjährigen Jubiläums an.

Christine
Hartmann-
Hilter

Christine Hartman-Hilter studierte an der Hochschule für Musik Detmold. Abteilung Dortmund, die Fächer Klavier und Allgemeine Musikerziehung. Seit 1985 unterrichtet sie an der Musikschule Dortmund. Seit 1998 ist sie als Mitglied der Schulleitung verantwortlich für Kurse und Projekte und Kooperation mit allgemeinbildenden Schulen. Darüber hinaus hat sie einen Lehrauftrag im Fach Didaktik und Methodik der Allgemeinen Musikerziehung an der Hochschule für Musik Detmold, Abteilung Dortmund und gibt Fortbildungen u.a. für GrundschullehrerlInnen und ErzieherInnen.

Stimmaufteilung:
2- bis 3- stimmige Aufteilung, da es sich um Kinderstimmen handelt, nicht nach Stimmgattung geordnet

Beitrittsbedingungen:
ausschließlich Mädchen, Mindestalter 8 Jahre, Spaß am Singen und an der Musik

Chorbeitrag:
kein Beitrag

Kontaktadressen:
Dagmar Wagner-Bischof
Tel. 0231 / 75 39 17;

Musikschule Dortmund
Tel. 0231 / 50 - 2 32 50;
Thomas Körner
Tel. 0231 / 50 - 2 62 61

Probe: jeden Dienstag außerhalb der Schulferien von 16.15 Uhr bis 17.15 Uhr im Großen Saal (Raum 21) der Musikschule Dortmund, Steinstr. 35

Diskographie: Mitwirkung einzelner Chorkinder an der CD „Unser Florian ist 40" zum 40. Geburtstag des Dortmunder Fernsehturms (1999); Mitwirkung bei der CD "Zebrastreifen" (2000)

Im Jahre 1991 wurde der Chor von der heutigen Chorleiterin Dagmar Wagner-Bischof ins Leben gerufen. Damals noch unter dem - von den Kindern selbst gewählten - Namen „Micky-Maus-Chor" sollte er 6-jährigen Kindern im Anschluß an die Musikalische Früherziehung die Möglichkeit für weitere musikalische und sängerische Erfahrungen bieten. Anfangs überzeugten noch nicht in erster Linie die stimmlichen Leistungen, dafür aber umso mehr das Engagement, die Konzentration, Singfreude und Begeisterungsfähigkeit der Kinder.

Im Laufe der Jahre änderte sich nicht nur der Chorname. Aus dem gemischten Kinderchor wurde ein reiner Mädchenchor, das Anfangsalter stieg auf

8 Jahre (Höchstalter 13 Jahre) und zunehmend bekam die kindgemäße Stimmbildung einen immer höheren Stellenwert. So verbesserte der Chor in den letzten Jahren mehr und mehr seine Klangqualität, fand den Weg in die Mehrstimmigkeit und konnte Stükke entsprechend interessanter und überzeugender gestalten. Mehrere Chorsängerinnen haben inzwischen eine gesangliche Soloausbildung begonnen.

Auftritte: ca. 8 Auftritte pro Jahr, manchmal bei privaten Feierlichkeiten, meist aber bei städtischen oder musikschuleigenen Veranstaltungen, z. B. Dortmunder Weihnachtsmarkt, jährliches Musikschulfest im Westfalenpark, Straßenfest im Dortmunder Stadt-

teil Hombruch, ein eigenes internes Konzert in der Musikschule zur Präsentation des neu erarbeiteten Programmes, Kinderkonzerte in der Musikschule.

Dagmar
Wagner-
Bischof

Dagmar Wagner-Bischof (Jg. 1964) studierte von 1985 bis 1990 an der Hochschule für Musik Detmold, Abteilung Dortmund, die Hauptfächer Gesang und Allgemeine Musikerziehung und legte dort die Staatliche Musiklehrerprüfung ab. Seit 1990 ist sie bei der Musikschule der Stadt Dortmund als Musikschullehrerin im Fach Gesang und im Elementarbereich angestellt. Mehrere Kinderchöre entstanden bereits unter ihrer Leitung. Ihr Wissen und ihre Erfahrungen in der Singarbeit mit Kindern gibt Frau Wagner-Bischof in Form von Seminaren an Interessierte weiter; darüber hinaus ist sie ausgebildete Entspannungspädagogin.

Monteverdi-Junior-Chor Dortmund e.V.

Kinder- und Jugendchor

Stimmaufteilung:
sowohl S 1+2, A 1+2 als auch
SATB

Beitrittsbedingungen:
bei Kindern zwischen 4-8 ist
kein Vorsingen nötig, ab 9
Jahre mit Vorsingen

Chorbeitrag:
je nach Kursbelegung und
Ausbildungsgrad zwischen 10.-
DM und 30.- DM monatlich

Kontaktadressen:
Zeljo Davutovic (CL)
Tel.: 0231 / 37 45 43;
Monteverdi-Junior-Chor e.V.
c/o Gemeindebüro
TeL: 0231 / 1 77 09 21

Probe: Wittener Str. 10-14,
Dortrnund-Dorstfeld, freitags
und je nach Einteilung sams-
tags

E-Mail:
Monteverdi-Junior-
Chor@gmx.de

D er Monteverdi-Junior-Chor Dort-
mund wurde 1995 gegründet. Von
Anfang an wurde eine umfangreiche
Nachwuchsabteilung aufgebaut, die
Kinder und Jugendliche in erster Li-
nie an „klassische" Musik im Bereich
Oper und Konzert heranführen sollte.
Zur Zeit singen etwa 150 Kinder und
Jugendliche (4-25 Jahre) in den verschiedenen Gruppen des Chores. Neben einem Chorleiter sind noch drei
Stimmbildner und einige Organisa-
tionskräfte im Chor beschäftigt.
Messen, Kantaten und Motetten von
Bach, Vivaldi, Mendelssohn, Liszt und
Britten gehören genauso zum Repertoire wie eine Vielzahl von geistlichen
und weltlichen a-cappella-Werken unterschiedlichster Epochen. Die Kinder
und Jugendlichen des Chores singen
seit 1997 sämtliche Kinderchorpartien
in den Opern des Dortmunder Thea-
ters (u.a. „Hänsel und Gretel", „Tosca",
„Othello", „Carmen" und zuletzt bei der
deutschen Erstaufführung der Oper
„The silver tassie"). Überregionale
Engagements des Chores, sowie einiger Knabenstimmen wie z.B. für Opern
bzw. Konzerte in Gelsenkirchen, Wuppertal, Hagen, Siegen, Bochum, Er-
furt, Weimar und Berlin ergänzen das
breite Tätigkeitsfeld des noch jungen
Chores.
Durch die Zusammenarbeit mit zahlreichen bekannten Orchestern aus
dem ganzen Bundesgebiet, wie der
Staatskapelle Weimar, wurden die Kinder und Jugendlichen an symphoni-
sche Chorliteratur herangeführt (u.a.
8. Sinfonie von Gustav Mahler und in

© Foto: U. Kaden-Madloch, Dortmund

Planung „Das Lied von den Wäldern",
ein Oratorium von Dimitri Schostako-
witsch unter Steven Sloane).

Im September 2000 gewann der Monteverdi-Junior-Chor als erster Dortmunder Chor den NRW-Landeswettbe-
werb „Jugend singt 2000" und hatte
die Möglichkeit, sich bei einer Italien-
tournee (u.a. San Marco in Venedig
und dem Mailänder Dom) im Herbst
2000 erstmals einem internationalen
Publikum zu präsentieren.

Um das Ausbildungsniveau zu halten
und zu steigern, freut sich der Chor
jederzeit über neue Stimmen (ab 4
Jahre) und als gemeinnütziger Verein
auch über Spenden und Sponsoren.

© Foto: Ursula Dören, Dortmund

Chorleitung

Zeljo
Davutovic

Schon während
seiner Schulzeit
in Dortmund be-
gann Chorleiter
Zeljo Davutovic (in Kroatien geboren), verschiedene Chöre zu leiten. Er studierte in
Weimar Kirchenmusik, Cembalo sowie Ins-
trumentalpädagogik. Teilnahme an mehreren Kursen für Chorleitung und Orgel vervoll-
ständigen seine Ausbildung. Als Gast-
chorleiter wurde er bereits für die Einstudierung von Opernchören, sowie größerer
chorsinfonischer Werke, wie z.B. Gustav
Mahler bzw. Bernstein in verschiedenen
Städten engagiert. Den 1995 von ihm gegründeten Monteverdi-Junior-Chor möchte
Zeljo Davutovic in Zukunft zu einer größeren Chorschule bzw. Chorakademie ausbauen
und hofft dabei auch auf Unterstützung aus
der Region.

Barbershop-Chöre

BAD Boys

Barbershop-Männerchor

Stimmaufteilung:
Tenor, Lead, Bariton, Bass

Beitrittsbedingungen: Männer, möglichst mit musikalischer Vorbildung und Freude am Auftreten im arbershop-typischen Zusammenhang, d.h. an präziser Intonation und Rhythmik sowie gutem Ausdruck

Chorbeitrag:
DM 20.- monatlich

Kontaktadressen:
Hans Frambach (CL)
Tel.: 0202 / 4 39 24 63;
Harry Hüttemann (VS)
Tel.: 0231 / 41 55 14;
Bernd Beckschwarte
Tel.: 02307 / 7 94 78

Probe: Kerschensteiner-Grundschule, Joseph-Cramer-Straße, Dortmund-Gartenstadt, dienstags von 19.30 bis 22.00 Uhr

Internet:
http://www.barbershop-music.de

Die BAD Boys wurden 1993 von einer kleinen Crew von A cappella- und speziell Barbershop-Interessierten Amateur-Sängern gegründet. Unser Name setzt sich zusammen aus „Barbershop Aus Dortmund = BAD". Es ist natürlich auch ein nettes Wort-Spiel. Der Chor ist mit Mitgliederzahlen zwischen 20 bis 30 in Dortmund und Umfeld aktiv. Die meisten Mitglieder sind zwischen 30 und 50 Jahre alt, beruflich stark engagiert und erfolgreich, und zumeist sind wir Familienväter mit recht begrenzter Freizeit. Uns eint der Gedanke, daß der Mensch aus Körper, Geist und Seele besteht. Wir alle haben den Wunsch, gerade für die Seele bei uns und anderen etwas zu tun, und uns musikalisch ständig zu verbessern. Dies ist auch wesentliches Element des Barbershops, in dem es geradlinige Kirterien zur Bewertung der Qualität gibt. Bei den Männerchören und –quartetten wird in den Kategorien „Music", „Singing" und „Presentation" bewertet.

Die BAD Boys werden geradezu beneidet um ihren Zusammenhalt. Auch wir haben unsere Auseinandersetzungen, es kann sich aber jeder BAD Boy auf das gemeinsame Interesse stützen, und ausnahmslos jeder wird gebraucht und geschätzt. Wir verstehen uns als Leistungs-Chor und sind hoch engagiert, unsere Qualität zu heben und unser Repertoire zu erweitern. Wir sind jetzt nach internationalen Kriterien im Vergleich zu allen Vorjahren im nächsthöheren Level bewertet (aufgestiegen vom C-Kevel ins B-Level) und gehö-

ren zu den vielleicht 30 besten Barbershop-Chören in Europa. Wir werden mit hoher Wahrscheinlichkeit der einzige deutsche Chor sein, der auf der European Convention der SPEBSQSA (Gesellschaft zur Bewahrung des Barbershop-Gesangs) im Mai 2001 in Glasgow/Schottland mit ca. 30 anderen europäischen Barbershop-Chören im friedlichen Wettbewerb steht.

Wir pflegen als Barbershopper intensive Kontakte zu der kleinen deutschen Barbershop-Szene sowie auch internationale Verbindungen. Wir haben einen bekannten amerikanischen Barbershop-Chorleiter und – Arrangeur als unseren Coach, Thomas R. Gentry jr. aus Akron, Ohio.

Hans
Frambach

Hans Frambach ist ein echtes deutsches Barbershop-Urgestein. Schon lange war er Sänger in dem mittlerweile fast schon legendären Quartett „Cadillac", bis er im Februar 1995 die musikalische Leitung der Bad Boys übernommen hat. Sein musikalisches Arbeitsprinzip kann man in einem Wort zusammenfassen. Es heißt: Qualität.

Barbershop Bubbles

Barbershop-Frauenchor

Stimmaufteilung:
vierstimmig

Beitrittsbedingungen:
nur Frauen, Notenkenntnisse
nicht erforderlich, Chor-
erfahrung und Stimmsicherheit
erwünscht

Chorbeitrag:
DM 20.- monatlich

Kontaktadressen:
Udo Hotten (CL)
Tel.: 02303 / 6 34 59;
Beate Dinslage (VS)
Tel.: 0231 / 77 28 94

Probe: Aula des Schulzentrums
Joseph-Cramer-Straße,
Dortmund-Gartenstadt,
mittwochs von 20.00 bis 22.00
Uhr

Diskographie: Demo-CD

Die „Barbershop Bubbles", der ältes te Dortmunder Barbershopchor, bestehen seit 1987. Zur Zeit haben wir 17 Sängerinnen. Die meisten sind berufstätig, viele haben Kinder bzw. Enkelkinder. Im März 1999 ersangen wir uns den Titel Leistungschor in der Rubrik des Sängerbundes für Jazz-Pop-Gospel unter der Leitung unseres Dirigenten Udo Hotten, der auch die Florian-Singers musikalisch leitet. In unserem derzeitigen Repertoire haben wir Stücke wie: „Dream a little dream", „Down by the riverside", „Der Mann im Mond", „Hab'n Se nich nen Mann für mich", „That's what friends are for", „Jeepers Creepers" u.v.a.
Die Barbershop Bubbles treten auf bei Musikfestivals und Kulturveranstaltungen, Betriebsfeiern und Sommer-

festen, aber auch bei privaten Feiern oder Stadtfesten. Nicht zu vergessen, die erfrischenden Auftritte auf verschiedenen Weihnachtsmärkten.

Uns ist kein Ort zu weit und keine Temperatur zu hoch oder tief. Die gute Laune bleibt, egal wo wir singen.

Was ist Barbershop?

„Barbershop" ist mehr als nur das englische Wort für „Frisörladen". Die Ursprünge liegen in den Frisörläden Englands im 17. Jahrhundert, wo sich die Kunden singend ihre Wartezeit vertrieben haben. Der heute mit „barbershop harmony" bezeichnete Gesangsstil entwickelte sich gegen Ende des 19. Jahrhunderts in den USA. Barbershop ist eine Musikrichtung, die in Deutschland mehr und mehr an Bedeutung gewinnt. Alte und neue Lieder werden in modernen, vierstimmigen a-capella-Arrangements dargeboten, einer Musikrichtung, die auch jüngeren Menschen wieder Freude am Chorgesang vermittelt. Bewegungen sind Teil dieses Stils und sollen die Aussage des jeweiligen Stückes unterstreichen. Für diejenigen, die sich unter „Barbershop" nichts vorstellen können, sei hiermit auf die Comedian Harmonists verwiesen, die einen dem „Barbershop" ähnlichen Chorgesang publiziert haben.

Chorleitung
Udo Hotten

Udo Hotten (Jg. 1964) hat sich seit frühester Kindheit den beiden Hobbys Technik und Musik verschrieben. Beruflich hat er den Weg als Musiker eingeschlagen. Neben seiner Tätigkeit als Chorleiter der Florian Singers und Barbershop Bubbles ist Hotten noch als Komponist, Arrangeur, Alleinunterhalter, Bandleader und Internet-Provider tätig. Unter www.udohotten.de begrüßt er alle interessierten Musikfreunde mit zahlreichen Informationen und Hörbeispielen im Internet.

Ladies First e.V.

Barbershop-Frauenchor

Stimmaufteilung:
Tenor, Lead, Bariton, Bass

Beitrittsbedingungen:
Vorsingen beim Chorleiter,
Notenkenntnisse erwünscht,
sechsmonatige Probezeit

Chorbeitrag:
DM 10.- monatlich

Kontaktadresse:
A. Buchholz
Tel.: 0231 / 48 43 04

Probe: Kerschensteiner Grundschule, Joseph-Cremer-Str. 25
in Dortmund, 1x monatl.
Mittwochs von 19.30 bis 22.30
Uhr und 1x monatlich sonntags
von 13.00 bis 19.00 Uhr

E-Mail:
Manfred.Adams@t-online.de

Diskographie: „At Work" (CD
1999); Video kann bei Bedarf
zugesandt werden

LADIES FIRST ist ein 30 Frauen star-
kes Gesangsensemble aus Dortmund, das 1991 mit dem Anliegen gegründet wurde, Barbershop-begeister-
ten Frauen ein Forum für diesen Gesangsstil zu schaffen.
Damit der Chor auf der Bühne schein-
bar mühelos singt und tanzt ist eine
intensive Vorarbeit notwendig. Mit
dem Chorleiter Manfred Adams steht
den LADIES dazu einer der wohl er-
fahrensten deutschen Barbershopper
zur Verfügung. Seine Kenntnisse über
qualitativ hochwertigen Barbershop-
Gesang und seine Motivation bringen
den Chor immer wieder einen Schritt
näher an sein Ziel, die Barbershop-
Harmonien in Perfektion auf die Bühne zu bringen. Die Choreographien erarbeitet eine der Sängerinnen, die

ausgebildete Gymnastiklehrerin mit
jahrelanger eigener Tanzerfahrung ist.
So präsentiert der Chor mit eigenwil-
ligen Bühnenshows auf hohem gesanglichen Niveau die ganze Bandbreite der Barbershop-Musik. Sein Repertoire reicht von Swing Standards über
Jazz, Blues und Gospel bis hin zum
Schlager. Neben englisch-sprachigen
Evergreens wie „Chattanooga choo
choo" wie „Proud Mary" und „Fifty
ways to leave your lover" finden sich
auch deutsch-sprachige Klassiker wie
„Kann denn Liebe Sünde „ oder „My
golden Baby" aus der „Blume von
Hawai" im Programm des Chores wieder. Der Einsatz aller führte zum Erfolg: LADIES FIRST sind die Gewinner
der bisher durchgeführten deutschen
Barbershop-Musikfestivals 1993,

Manfred
Adams

1994, 1996 und 1998. Auch aus dem im Jahr 2000 folgenden Wettbewerb in Bremen sind sie wieder als bester deutscher Barbershopchor hervorgegangen.

Mit vielen Auftritten in Deutschland sowie im benachbarten Ausland haben sich die LADIES einen Namen als außergewöhnliches, unterhaltsames und begeisterndes Gesangsensemle gemacht. Neben dem Ersingen zahlreicher Preise gelang dem Chor, was zuvor noch kein anderer deutscher Chor schaffte: LADIES FIRST qualifizierte sich als einer der besten 30 Chöre rund um den Globus für die „Weltmeisterschaft" der Chöre in Atlanta/ USA und konnte vom 18.09.- 27.09.1999 in Atlanta die Welt beeindrucken.

© Foto: Jürgen Wassmuth, Dortmund

Manfred Adams (Dirigent), Autodidakt, Barbershopper seit 1980, Dozententätigkeit in Deutschland und den Niederlanden, Coach verschiedener Quartette, ehemaliger Bass im Barbershopquartett „Cadillac", Jury- Mitglied bei nationalen Wettbewerben, langjähriger Vorsitzender des Deutschen Barbershopverbandes „BinG"- Barbershop in Germany.

Blues Brothers & Soul Sisters

Jazz-, Pop- und Gospelchor

Stimmaufteilung:
SATB

Beitrittsbedingungen: Alter zwischen 14 und 24 Jahre, kein Vorsingen, Notenkenntnisse erwünscht aber nicht Bedingung

Chorbeitrag: 150.- DM jährlich

Kontaktadresse:
Benedikt Koester (CL)
Tel.: 0231 / 73 61 13;
Martin Schröder
Tel.: 0231 / 7 27 37 95

Probe: Atrium der Adolf-Schulte-Schule, Diakon-Koche-Weg 3, 44287 Dortmund, donnerstags von 17.30 bis 19.30 Uhr

Internet:
http://www.Bluesbrother-soulsisters.de

Diskographie: Die Blues Brothers & Soul Sisters Live mit Stargast Zelotes Edmund Toliver (CD 1999); aktuelle CD (2000)

Der junge Chor der Musikschule Dortmund unter der Leitung von Benedikt Koester wurde im Februar 1995 gegründet. Anfangsteilnehmerzahl 9 (7 Mädchen und 2 Jungen !), der erste öffentliche Konzertbeitrag im Oktober 1995 mit anschließendem Mitgliederzuwachs auf 25 Jugendliche. Im Juni 1997 das erste eigene öffentliche Konzert mit größerer Beachtung in der Presse. Ende 1997 übernimmt der Lions Club Dortmund - Phönix eine kontinuierliche Sponsorentätigkeit, die zur Anschaffung einer Open-Air-Verstärkungsanlage führt. Die Mitgliederzahl steigt auf 40. Im Februar 1998 ein eigener Beitrag im Radiosender 91,2 ; im Sommer 1999 die erste CD (Live-Konzertmitschnitt aus der Evangelischen Kir-che an der Märtmannstraße in Dortmund-Aplerbeck zusammen mit dem bekannten Gospelsänger Zelotes Edmund Toliver).

Zum Repertoire des Chores gehören Gospels und Spirituals, Musicalmelodien, eigene Versionen von Pop- und Jazzsongs.

Chorleitung

Benedikt Koester

Benedikt Koester wurde 1959 in Dortmund geboren. Klavier- und Musiktheoriestudium. Seit 1978 an der Musikschule, seit 1989 an der Hochschule für Musik Detmold, Abteilung Dortmund, tätig. Mitglied im Dortmunder Chor total vokal. 1985 - 1992 Leiter des Endgültigen Dortmunder Brahms Chores. Konzertiert regelmäßig als Solist und Ensemblemitglied, u.a. des animato-Klavierquartetts.

Florian Singers Dortmund e.V.

Stimmaufteilung:
SATB

Beitrittsbedingungen:
Notenkenntnisse erwünscht,
Altersgrenze 35 Jahre

Chorbeitrag:

DM 12,- monatlich; DM 6,- für
Schüler und Studenten

Kontaktadresse:
Udo Gerks (VS)
Tel.: 0231 / 51 55 23

Probe: Gaststätte „Zum
Franziskaner", Düsseldorfer Str.
21, Dortmund, montags von
20.00 bis 22.00 Uhr

Internet:
http://www.florian-singers.de

Diskographie:

„Wir" (Florian Singers und
Florian Kids) CD 1995;
„Oh happy Day" (Gospel-CD der
Florian Singers) CD 1999

Bei dem ersten Leistungssingen für Jazz, Pop und Gospel-Chöre in der Siegerlandhalle in Siegen erhielten die Florian Singers im März des vergangenen Jahres den Titel „Leistungschor" des Sängerbundes NRW. Vor drei Jahren gewannen die Singers den 2. Preis beim Landes-Chorwettbewerb NRW in der Kategorie „Jazz vocal et cetera". Als sich im Jahr 1966 eine Gruppe Jugendlicher zu einem Chor zusammenschloß, ahnten sie noch nichts von solchen Erfolgen. Die „Florian Singers Dortmund e.V." hatten sich etwas Besonderes vorgenommen; sie wollten zwar gemeinsam singen, aber nicht die traditionelle, sondern moderne Chormusik. Mittlerweile sind die 35 Sängerinnen und Sänger des gemischten Chores nicht mehr ausschließlich im jugendlichen Alter. Doch die Musik ist jung geblieben. Das beweist ein Blick auf das Repertoire des Chores. Die Gruppe singt Swing und Jazz, Gospels und Spirituals, Pop und Rockballaden, teilweise von Chorleiter Udo Hotten selbst arrangiert. Die Stücke werden a capella, mit Klavier- bzw. mit Halbplayback-Begleitung dargeboten.

Der Chor veranstaltet jedes Jahr im Herbst ein eigenes Konzert, traditionellerweise in der Aula am Ostwall in Dortmund. Insgesamt bestreiten die Singers mindestens 20 Auftritte jährlich. Der Chor hatte 1999 ein Rekordjahr mit 31 Auftritten.

Zu hören sind sie bei Konzerten, Festakten, Tagungen, Stadtfesten, zum Beispiel auf dem Alten Markt in Dort-

mund, auf Weihnachtsmärkten, bei Open-Air-Festivals, bei kirchlichen Trauungen und Feiern jeglicher Art. Auch bei Sendungen im Rundfunk und Fernsehen haben sie schon mitgewirkt, ebenso bei Tonträgeraufnahmen im Studio.

Besonderes Engagement zeigen die Organisatoren in der Auslandsarbeit. Kontakte nach Australien, England, Holland, Dänemark, Norwegen, Israel, Kanada, Slowenien und Ungarn bestehen bereits. Dort haben die „Florian Singers" gastiert und natürlich auch ihre Partnerchöre in Dortmund aufgenommen. Die Verbindung mit dem Leeds Girls' Choir aus England besteht nun schon seit 1969. In diesem Jahr findet der 18. Austauschbesuch statt.

Udo Hotten (Jg. 1964) hat sich seit frühester Kindheit den beiden Hobbys Technik und Musik verschrieben. Beruflich hat er den Weg als Musiker eingeschlagen. Neben seiner Tätigkeit als Chorleiter der Florian Singers und Barbershop Bubbles ist Hotten noch als Komponist, Arrangeur, Alleinunterhalter, Bandleader und Internet-Provider tätig. Unter www.udohotten.de begrüßt er alle interessierten Musikfreunde mit zahlreichen Informationen und Hörbeispielen im Internet.

geistreich

Gospelchor und Band

Stimmaufteilung:
S 1+2, A 1+2, B 1+2

Beitrittsbedingungen:
Swing-Feeling, sonst keine
besondere Bedingungen

Chorbeitrag:
kein Beitrag

Kontaktadresse:
geistreich, Uni-Dortmund, Emil-
Figge-Str. 50, 44227 Dortmund

Probe: Während des Semesters
montags von 20.00 bis 22.00
Uhr, Raum 4.314, Emil-Figge-
Str. 50; max. 2 x im Jahr
Kompaktphasen von Freitag
18.00 Uhr bis Sonntag 16.00
Uhr als Chorfahrt

Internet:
e-mail: raschke@pop.uni-
dortmund.de

Der Gospelchor + Band „geistreich" der Universität Dortmund steht Studierenden aller Abteilungen der Universität Dortmund sowie weiteren Interessenten von swingender Gospelmusik offen.

Er will im regen Chorleben der Universität den Akzent auf zeitgenössische geistliche Musik legen. Zum Repertoire gehören bekannte Gospelsongs in teilweise ungewöhnlichen Arrangements von allen namhaften Jazzchor-Arrangeuren der Jazzchor-Szene. Basis dafür ist das umfangreiche Gospel- und Jazzchor-Archiv der Universität Dortmund. Programme werden jeweils für 2 Semester (1 Jahr) erarbeitet und etwa 6 - 10 mal auf Festivals oder Konzerten dargeboten.

Mehrere Jahre lang eine relativ kleine Gruppe - vergleichbar den gleichzeitig montags probenden beiden Jazzchören der Universität Dortmund, unter wechselnder Leitung - gehören seit 4 Jahren 60 Sängerinnen und Sänger zu „geistreich".

Die Mitglieder sind ganz überwiegend keine Musikstudenten, sondern engagierte musikalische Laien, die für einen begrenzten Zeitraum (Studium) mitswingen, sowie etliche Lehrerinnen und Lehrer. Deshalb ändert sich das line-up immer wieder. Zusätzlich gibt es 2 Jazzchorgruppen mit wechselnder Leitung, die zur gleichen Zeit anspruchsvolle Jazzchorliteratur einstudieren. Anmeldung bei W. Raschke.

Chorleitung

Wilfried Raschke

Dr. Wilfried Raschke, Hochschullehrer an der Universität Dortmund im Institut für Musik seit 1979, jahrelang Leiter diverser Ensembles (Big Bands, Bläser, Chöre), Initiator und Leiter des Dortmunder Universitäts Jazz-Festivals und des Gospel- und Jazzchor-Festivals, Jury-Mitglied bei nationalen Wettbewerben.

Kirchenchöre

Chor der ev. Paul-Gerhard-Gemeinde

Kirchenchor

Stimmaufteilung:
SATB und weitere Teilungen

Beitrittsbedingungen:
keine

Chorbeitrag:
kein Beitrag

Kontaktadresse: Kirchenchor
der Paul-Gerhardt-Gemeinde
Tel.: 02303 / 69 01 64 oder
Tel.: 0231 / 4 27 02 77

Probe: Gemeindehaus der Paul-Gerhardt-Kirchengemeinde,
Markgrafenstraße 121, 44139
Dortmund, montags von 19.30
bis 21.00 Uhr

Der Chor der evangelischen Paul-Gerhardt-Gemeinde in Dortmund wurde im Frühjahr 1946 durch den damaligen Pastor Friedrich Jung gegründet.

Anfang der sechziger Jahre hatte der Chor über 60 Sängerinnen und Sänger. Neben Chordarbietungen in Gottesdiensten wurde in jedem Jahr mindestens ein Konzert aufgeführt. Höhepunkte waren ein Abend mit sieben Schütz-Motetten sowie zwei Konzerte in der Nikolai-Kirche, wo u.a. mit dem Dortmunder Jugendchor und dem Lehrerchor die 17-stimmige Schütz-Motette „Jauchzet dem Herrn alle Welt" vorgetragen wurde. Nach dem Ausscheiden des damaligen Dirigenten Bahrenberg brach der Chor auseinander. In den darauf folgenden Jah-

ren wurde immer wieder versucht, einen neuen Chor aufzubauen. Mit Herrn Garthe konnte 1978 ein Neubeginn mit 15 Sängerinnen und Sängern geschaffen werden. 1984 wechselte die Leitung des Chores. Unter Herrn Lendowski wurden u.a. die Weihnachts- und Ostergeschichte von Max Drischner und die Weihnachtsgeschichte von Jan Bender in den Gottesdiensten zu Ostern bzw. Christnacht aufgeführt. Als Lendowski nach vier Jahren aus beruflichen Gründen Dortmund verließ, wurde Simone Schäfer Nachfolgerin. In Erinnerung bleiben zwei Konzerte unter ihrer Leitung, die nach dem Fall der Mauer zusammen mit dem Chor der Partnergemeinde Colditz/Sachsen gegeben wurden. Am 1. September 1993 übernahm Christel Uhe

Claudia Becker

die Leitung des Chores. Höhepunkte ihrer Amtszeit waren das Chor-Jubiläumsjahr 1996 sowie ein Adventskonzert mit dem evangelischen Chor von St. Johann Baptist aus Dortmund-Brechten. Mitte 1997 legte Frau Uhe ihr Dirigentenamt nieder. Seit dem 1. September 1997 leitet Claudia Becker den Kirchenchor.

Mittlerweile zählt der Chor 23 Sängerinnen und Sänger. Das Repertoire umfaßt eine Vielzahl von geistlichen und weltlichen Liedern, die in Gottesdiensten und bei Gemeindefeiern vorgetragen werden. Die Mitglieder im Alter von 25 bis 65 Jahren sind engagierte musikalische Laien, die das Singen als Hobby betreiben.

Claudia Becker (Jg. 1966) arbeitet hauptberuflich als Diplomingenieurin an der Bundesanstalt für Arbeitsschutz und Arbeitsmedizin in Dortmund. Ihre zweijährige Ausbildung zur C-Kirchenmusikerin im Nebenamt beschloß sie im Juli 1997. Vor und während dieser Ausbildung leitete sie vertretungsweise den evangelischen Kirchenchor der Christuskirche in Forchheim/Oberfranken sowie den evangelischen Kirchenchor der Thomaskirche in Bergkamen/Overberge.

Ev. Kirchenchor Dortmund-Westerfilde

Kirchenchor

Stimmaufteilung:
S, A 1+2, T, B

Kontaktadresse:
Hans Schimpke (CL)
Tel.: 02305 / 6 14 12

Beitrittsbedingungen: Als
Gruppe der Kirchengemeinde
nehmen wir alle Leute auf, die
dem Chor beitreten wollen;
Bedingungen werden nicht
gestellt

Probe: Ev. Gemeindehaus
Dortmund – Westerfilde,
Westerfilder Str. 11, dienstags
von 19.30 Uhr bis 21.30 Uhr

Chorbeitrag: Für alle Mitglieder
wird zur Zeit ein Jahresbeitrag
von DM 24.- erhoben

Der Chor wurde 1953 gegründet, erster Chorleiter war der Bodelschwingher Diakon Robert Michallek. 1954 übernahm Herr Rocholl aus der Dortmunder Innenstadt die Chorleitung. 1958 übernahm der nebenamtliche Kirchenmusiker Hans Schimpke die Chorleitung, die bis heute fortgeführt wird.

Der Chor singt regelmäßig in den Gottesdiensten der Gemeinde, gibt Konzerte in der Kirche und beteiligt sich an den Veranstaltungen der örtlichen Chöre, wie dem „Tag des Liedes" Himmelfahrt im Bodelschwingher Schloßpark oder dem gemeinsamen Wohltätigkeitskonzert im Advent in der Katholischen Kirche.

Das musikalische Programm des ev. Kirchenchores Dortmund-Westerfilde reicht von alter und neuer Kirchenmusik, über Spirituals bis hin zu Volksliedern.

Chorleitung

Hans Schimpke

Hans Schimpke ist Organist in Dortmund-Westerfilde seit 1956, 1958 C-Prüfung an der Kirchmusikschule, seitdem nebenamtlicher Kirchenmusiker in Dortmund-Westerfilde.

Ev. Kirchenchor Kirchlinde-Rahm

Kirchenchor

Stimmaufteilung:
SATB

Beitrittsbedingungen:
Alle Sänger sind Laien.
Notenkenntnisse sind hilfreich,
aber nicht notwendig.

Chorbeitrag:
monatlich DM 1.-

Kontaktadressen: Ev. Kirchen-
chor Kirchlinde-Rahm
Tel.: 0231 / 67 35 92;
Matthias Pohl (CL)
Tel.: 0231 / 67 63 45

Probe: Ev. Kirche Kirchlinde-
Rahm, Rahmer Str. 383,
donnerstags von 19.30 bis
21.15 Uhr

Im Sommer 1944 fanden sich einige Frauen unserer Gemeinde aus Freude am Singen als Kirchenchor zusammen.

1948 gab es den ersten Leitungswechsel. Herr Emil Steberl bemühte sich sofort mit Erfolg auch wieder einige Männer für den Chorgesang zu begeistern, um aus dem Frauenchor einen gemischten Kirchenchor entstehen zu lassen. Seine große Menschenfreundlichkeit, sein stetiger Humor, sein großes Können und seine absolute Zuverlässigkeit formten den Chor zu einer festen Gemeinschaft. Aufgrund seines Alters gab Herr Steberl 1985 nach fast 40 Jahren seinen Dienst in unserer Gemeinde auf

Es folgte nun eine wechselhafte Zeit von jungen Chorleitern, bis im Jahre 1992 in Matthias Pohl ein qualifizierter Leiter gefunden wurde. Die z. Z. 26 aktiven Sängerinnen und Sänger finden sich, wie seit Jahrzehnten, jeden Donnerstag Abend zur Probe zusammen. Es werden Choräle, Motetten, neue geistliche Lieder usw. eingeübt und an allen kirchlichen Feiertagen und besonderen Veranstaltungen wie Gemeindefest, Konfirmation usw. vorgetragen. Regelmäßig veranstaltet der Chor zur Advents- und Weihnachtszeit ein Konzert, oft zusammen mit dem Posaunenchor unserer Gemeinde. Ab und an gibt es auch im Frühjahr /Sommer ein zusätzliches Konzert mit fröhlichen Volksweisen. Gerne singen wir zur Weihnachtszeit im Kirchlinder Krankenhaus, um die Patienten mit unserem Gesang zu erfreuen. Falls ge-

wünscht, singen wir bei kirchlichen Trauungen und fast immer zu goldenen Hochzeiten. Seit einigen Jahren haben wir auch Kontakt zum kath. Kirchenchor St. Josef in Kirchlinde. Gemeinsam singen wir z.B. zur Eröffnung der Kirchlinder Woche und bei anderen besonderen Veranstaltungen. Um die Gemeinschaft mit den passiven Mitgliedern zu pflegen (sie unterstützen den Chor finanziell durch ihren Mitgliedsbeitrag), machen wir seit über 50 Jahren am Fronleichnamstag gemeinsam einen Ausflug.

Der Kreis ist seit vielen Jahren zusammengewachsen. Wir vertrauen darauf, daß sich noch junge Menschen zum Gesang finden, damit die Chorgemeinschaft auch in Zukunft weiter bestehen kann.

Chorleitung

Matthias Pohl

Matthias Pohl ist seit 1989 Kirchenmusiker in der Gemeinde Dortmund Kirchlinde-Rahm. Zu seinem Aufgabenbereich gehören der Organistendienst sowie die Leitung des Kirchlinder Kirchenchores und der Musikgruppe „Just for fun". Hauptberuflich ist er freiberuflicher Musikpädagoge und Pianist. Er unterrichtet in den Fächern Klavier, Orgel, Sopran C-Flöte und Keyboard.

Gemischter Chor der Evangelisch Freikirchlichen Gemeinde Dortmund Huckarde

Kirchenchor

Stimmaufteilung:
SATB

Kontaktadresse:
Renate Raschke
Tel.: 0231 / 17 92 83

Beitrittsbedingungen:
Notenkenntnisse erwünscht

Probe: Ev. Freik. Gemeinde, Rahmer Str. 124, 44369 Dortmund-Huckarde, alle 4-6 Wochen sonntags, von 12.00 bis 15.00 Uhr, mit gemeinsamen Mittagessen

Chorbeitrag:
kein Beitrag

Der Gemischte Chor der Evangelisch Freikirchlichen Gemeinde Dortmund Huckarde wurde 1987 gegründet.

Wir verstehen uns als Gemeindechor innerhalb einer sehr Musik liebenden Gemeinde. Die Mehrzahl hat gute Notenkenntnisse. Wir singen in Gottesdiensten und bei besonderen Veranstaltungen der Gemeinde und anderer Kirchen.

Musikalisch sind wir geprägt von der Literatur des Christlichen Sängerbundes und nicht auf eine Stilrichtung festgelegt. Von Barockmusik und ein wenig Romantik reicht die Bandbreite bis zu schwungvoller zeitgenössischer Musik. Auch neue geistliche Lieder werden erarbeitet, um sie anschließend mit der ganzen Gemeinde singen zu können. Neben der Musik haben auch die Texte Bedeutung. Es macht uns Freude vom Gemeinde-Motto GOTT / MITMENSCHEN zu singen. Außerdem genießen wir die familiäre Atmosphäre.

Für Kinder, die sich gut selbst beschäftigen können, steht ein Kinderraum während der Proben zur Verfügung.

Renate
Raschke

Renate Raschke
ist Lehrerin an der
Musikschule Dort-
mund im Fach Blockflöte. Seit 27 Jahren leitet sie Blockflöten- und Blechbläser Ensembles und Chöre.

Kantorei der evangelischen Kirchengemeinde Dortmund-Brackel

Kirchenchor

Stimmaufteilung:
SATB und weitere Teilungen

Kontaktadresse:
Gisela Braune (VS)
Tel. und Fax: 0231 / 25 88 36

Beitrittsbedingungen:
besondere Beitrittsbedingungen
gibt es nicht

Probe: Im Arent–Rupe–Haus,
Bauerstr. 1, 44309 Dortmund
(Brackel), montags von 19.30
bis 21.40 Uhr

Chorbeitrag:
der Jahresbeitrag für Mitglieder
beträgt DM 12.-

E-Mail:
Kamado@t-online.de

Die Kantorei wurde im Jahr 1920 als Kirchenchor der evangelischen Kirchengemeinde Dortmund-Brackel gegründet und existiert seit dieser Zeit ohne Unterbrechung. Besonders erwähnenswert ist die Tatsache, daß der Chor auch die schwierigen 30er Jahre unbeschadet überstehen konnte. Somit blickten wir im Jahr 2000 auf eine immerhin 80-jährige Geschichte zurück, die, wie der Name des Chores schon zeigt, immer in enger Verbundenheit mit der evangelischen Kirchengemeinde Dortmund-Brackel gestanden hat.

Als evangelischer Kirchenchor beschränkte sich die musikalische Arbeit zunächst hauptsächlich auf die Gestaltung von Gottesdiensten bzw. von Veranstaltungen gemeindeinterner Gruppen, bis dann in den 60er Jahren, geprägt durch verschiedene Chorleiter/Innen, das Repertoire ausgeweitet wurde. So brachte das Jahr 1972 z.B. einen besonderen Höhepunkt: Unter dem damaligen Dirigenten, KMD Eduard Büchsel, unternahm der Chor eine Konzertreise zu den Inseln Juist und Baltrum. In den jeweiligen Inselkirchen wurde, jeweils sehr erfolgreich, die Matthäus-Passion von Schütz aufgeführt. Seitdem bringt die Kantorei regelmäßig geistliche Abendmusiken, Weihnachtskonzerte, insbesondere aber Konzerte zur Passionszeit zu Gehör.

Diese musikalischen Schwerpunkte setzen sich bis in die Gegenwart fort: Geistliche Musiken im wesentlichen alter Meister und a-cappella-Musik,

bezogen auf den Ablauf des Kirchenjahres stehen im Mittelpunkt der musikalischen Arbeit des derzeitigen Chorleiters, Wilhelm Reiter. Wie in der Vergangenheit auch, legt die Kantorei Wert auf die musikalische Gestaltung von Gottesdiensten innerhalb der Kirchengemeinde. Andererseits werden Einladungen zur festlichen Untermalung von Veranstaltungen außerhalb des Gemeindelebens gern angenommen.

In Jahr 2000 wurde das 800-jährige Bestehen unserer Kirche in Dortmund-Brackel gefeiert.

Die Kantorei ist ein gemischter Chor, bestehend aus 43 aktiven Sängerinnen und Sängern.

Chorleitung

Wilhelm Reiter

Wilhelm Reiter, (Jg. 1939) geb. in Duisburg-Rheinhausen; Musikstudium: 1957-1961 Querflöte und Klavier 1965-1970, Ev. Kirchenmusik an der Folkwanghochschule Essen. Abschluß: Staatliche Prüfung für Organisten und Chorleiter (A-Examen). Berufliche Tätigkeiten: Organisten- und Chorleitertätigkeit seit 1957 in Duisburg-Rheinhausen, Duisburg Wanheimerort, Mülheim/Ruhr, Velbert, Schwelm und z.Z. in Dortmund (seit 1997). Musikschulleiter in Herdecke, Ibbenbüren und Suhl. Nebenamtliche Lehrtätigkeit an der Universität Osnabrück, von 1981 bis 1986.

Kantorei der Lutherkirche Dortmund-Hörde

Kirchenchor

Stimmaufteilung:
SATB und weitere Teilungen

Kontaktadresse:
Ruth Jürging (CL)
Tel.: 0231 / 41 23 35

Beitrittsbedingungen:
Notenkenntnisse erwünscht

Probe: Ev. Gemeindehaus
Wellinghoferstr. 21, Dortmund-
Hörde, mittwochs 19.45 bis
21.30 Uhr.

Chorbeitrag:
kein Beitrag

Die Kantorei der Lutherkirche Dortmund-Hörde wurde 1946 nach dem Krieg neu gegründet. Unter Leitung von Horst Soenke und Peter L. Voß sang der Chor bis zum Jahre 1965. Seit 1966 leitet Ruth Jürging als hauptamtliche Kirchenmusikerin die aus ca. 50 Mitgliedern bestehende Kantorei.

Aufgaben der Kantorei sind die regelmäßige Gestaltung von Gottesdiensten unterschiedlichster Art: Singegottesdienste, Kantatengottesdienste, musikalische Andachten; das Singen im Krankenhaus, Altenheim, bei besonderen Anlässen innerhalb der Gemeinde; Jährlich 2-3 Konzerte: Bachkantaten Passionsoratorien (Telemann: Lukas-Passion; Keiser: Markus-Passion; Bach: Markus-Passion mit Ergän-

zungen von J.H.E. Koch; L. Mozart: Missa solemnis; F.X. Richter: Messe F-dur, J. Haydn: Te Deum u.a.

1995 erhielt die Kantorei eine Einladung zu einer vierwöchigen Reise durch Argentinien. Bis heute bestehen enge Kontakte dorthin: durch finanzielle Unterstützung eines Jugenddorfes und einer Altensiedlung, sowie seit neuestem die Hilfe bei einem Projekt für alleinstehende Mütter in Buenos Aires. Benefizkonzerte für diese Projekte helfen, Not zu lindern. Die Kantorei versteht sich als eine Gruppe innerhalb der Gemeinde. Besonders geprägt ist dieser Kreis durch sein gutes menschliches Miteinander, ohne das ein fruchtbares Musizieren und die Verkündigung des Wortes unmöglich wären.

Chorleitung

Ruth Jürging

Ruth Jürging ist Absolventin der Westfalischen Landeskirchenmusikschule Herford, seit 1966 hauptamtliche Kantorin der Kirchengemeinde Dortmund Hörde und Kreiskantorin des Kirchenkreises Dortmund Süd.

Kantorei Wellinghofen

Stimmaufteilung:
S 1+2, A 1+2, T 1+2, B 1+2

Beitrittsbedingungen:
Chorerfahrung, evtl. Vorsingen

Chorbeitrag:
nur in die Chorkasse (freiwillig)

Kontaktadresse:
Ingomar Kury (CL)
Tel.: 0231 / 46 48 73

Probe: im Ev. Gemeindehaus Dortmund-Wellinghofen, Overgünne 3-5, Dortmund, mittwochs von 20.00 bis 22.00 Uhr; viermal jährlich Probenwochenende

Diskographie: Livemitschnitte von Händel Messias (1998), Missa Parvulorum Dei von Grössler (2000), Bachkantaten 4, 51, 34 (2000)

Die Evangelische Kirchengemeinde Dortmund-Wellinghofen gehört zu den Großgemeinden des Dortmunder Südens. In ihr hat seit je her ein breit gefächertes kirchenmusikalisches Leben, verteilt auf verschiedene Vokal- und Instrumentalgruppen, existiert. Dabei spielt auch die Nachwuchsarbeit in Kinder- und Jugendchorgruppen eine große Rolle.

1989 hat die Gemeinde eine A-Kirchenmusikerstelle eingerichtet, sie ist damit Träger einer der 3 A-, und gesamt 10 hauptamtlichen evangelischen Kirchenmusikerstellen Dortmunds.

Die Kantorei Wellinghofen ist einer von 2 Erwachsenenchören in der Kirchengemeinde. Sie hat rund 40 Sängerinnen und Sänger und ihre Aufgaben sind in vielfältiger Weise in Gottesdienst und Konzert verankert. Dazu gehören neben 2-3 Konzerten auch Kantatengottesdienste, „diakonisches Singen" in Krankenhäusern, Singen bei Gemeindefesten, besonderen Gottesdiensten u.a.m. Gelegentlich führen auch Konzerte über die Stadtgrenzen, wie Mitwirkung bei Kirchentagen (1985 Aufführung des Oratoriums „Dein Reich komme" von Drießler in Düsseldorf) oder die Mitwirkung bei Seminaren (2000 Aufführung der Gospelmesse „Missa Parvulorum" von Grössler bei einem Gospelworkshop). Zu einer festen Tradition ist die Aufführung einer Kantate aus dem Weihnachtsoratorium von Johann Sebastian Bach am zweiten Weihnachtstag im Gottesdienst geworden.

© Foto: Jutta Michaelis, Dortmund

Chorleitung

Ingomar Kury

Die Mitglieder setzen sich aus geübten Sängerinnen und Sängern aus Dortmund (und teilweise auch aus benachbarten Städten), schwerpunktmäßig jedoch aus der Kirchengemeinde Dortmund-Wellinghofen zusammen. Zum Repertoire gehören Bach: Johannespassion, Magnificat, Weihnachtsoratorium, weltliche und geistliche Kantaten; Händel: Messias; Haydn: Schöpfung; Mozart: Requiem; Monteverdi: Marienvesper; Schütz Passionen, Gospelmessen von Grössler, sowie a cappella-Literatur aus dem Barock, der Romantik und der Moderne. Geplant sind für die Zukunft auch Konzertfahrten in die Partnerstadt Leeds in England.

Ingomar Kury (Jg. 1959), Kirchenmusikstudium an der Hochschule für Kirchenmusik in Heidelberg. 1986 A-Examen. 1987-1989 Assistent bei KMD Prof. R. Schweizer, Pforzheim. In dieser Eigenschaft selbständig verantwortlich für die Ausbildung von Organisten und Chorleitern, sowie für die Leitung von Gruppen der, „Evang. Singschule". Korrepetition und Begleitung bei zahlreichen kirchenmusikalischen Aktivitäten wie etwa Oratorienaufführungen oder CD-Produktionen. Seit 1989 Kantor an der neueingerichteten A-Kirchenmusiker-Stelle Dortmund-Wellinghofen. 1994-1999 Orgelstudien bei Prof. Ewald Kooiman. Seit 1996 Landesvorsitzender des Kirchenmusikerverbandes in Westfalen.

Katholischer Kirchenchor „Sankt Ewaldi" Dortmund-Aplerbeck

Kirchenchor

Stimmaufteilung:
S 1+2, A 1+2, T 1+2, B 1+2

Beitrittsbedingungen:
Singfähige Stimme, Freude am Gesang und an der Gemeinschaft

Chorbeitrag:
z. Z. 20,- DM pro Jahr

Kontaktadresse: Kirchenchor St. Ewaldi, Gudrun Johnen (VS), Tel.: 0231 / 4 42 22 80, Fax. 0231 / 4 42 22 89

Probe: Im Saal des Pfarrheims der Sankt Ewaldi Gemeinde, Egbertstr. 12, 44287 Dortmund, donnerstags von 20.00 bis 22.00 Uhr

Diskographie: auf Anfrage

Im Februar 1939 fanden sich 14 Männer und 15 Frauen zusammen, um den Kirchenchor Sankt Ewaldi zu gründen. Der Chor steht seit seiner Gründung ganz im Dienst der Liturgie der römisch-katholischen Kirche. So ist die kirchenmusikalische Mitgestaltung von Gottesdiensten an Wochen-, Sonn-, Fest- und Feiertagen eine der Hauptaufgaben des Chores.

Die regelmäßig stattfindenden Kirchenkonzerte erfreuen sich guten Zuspruchs, sind bekannt und werden geschätzt. Dabei fühlt sich der Chor der Musik der Wiener Klassik ebenso verpflichtet wie der Musik der Römischen Schule und der Barockzeit, Werken der Romantik und modernen Kompositionen. Die engagierte Pflege der Kirchenmusik veranlaßte die Kommis-sion für Kirchenmusik im Jahre 1972, die Sankt Ewaldi Gemeinde zum kirchenmusikalischen Zentrum der Erzdiözese Paderborn zu ernennen. Diese Tatsache gab dem Chor die Kraft, seine kirchenmusikalische Arbeit zu intensivieren. Er hat inzwischen im Deutschlandfunk und im Westdeutschen Rundfunk gesungen, durfte beim Katholikentag in Aachen einen Gottesdienst gestalten und war für die musikalische Ausformung des 700-jährigen Bestehens der Kommende in Dortmund zuständig. Besonders herausragende Aufführungen werden als Live-Mitschnitt regelmäßig auf Tonträgern festgehalten.

Die musikalische Arbeit findet stets unter qualifizierter Leitung statt: Dabei gestalten Stimmbildungs- und

Atemübungen, Stimmproben und Gesamtproben, Musikliteratur aus vielen Epochen in verschiedenen Sprachen - zum Teil auch weltlich - die Proben abwechslungsreich und kurzweilig. Der Kirchenchor Sankt Ewaldi ist Kulturträger, er versteht sich als tragender Teil der Kirchengemeinde Sankt Ewaldi und darüber hinaus und ist sich seiner gesellschaftlichen Aufgabe bewußt. Vier Argumente gegen Eintönigkeit: Sopran, Alt, Tenor, Baß; der Kirchenchor Sankt Ewaldi! Tagesausflüge und größere Reisen stärken die Gemeinschaft der 70 aktiven Sängerinnen und Sänger ebenso wie das gesellige Beisammensein beim zwanglosen Stammtisch nach den Chorproben.

Chorleitung

Johannes Nonhoff

Johannes Nonhoff, Kirchenmusiker an Sankt Ewaldi, leitet den Kirchenchor Sankt Ewaldi, die Gruppe „Ewaldissimo", den Jugendchor der Gemeinde seit 1977, sowie die 1981 entstandene Instrumentalgruppe. Darüber hinaus übte er über zehn Jahre das Amt des Dekanatskirchenmusikers aus. Seit 1979 ist er nebenberuflich als Musiklehrer an der Musikschule Dortmund tätig.

Katholischer Kirchenchor „Vom Göttlichen Wort" Dortmund Wickede

Kirchenchor

Stimmaufteilung:
SATB

Beitrittsbedingungen: Spaß am gemeinsamen Proben und Singen in geselliger Runde, Mitwirkung als aktive Christen am Gemeindeleben und Mitgestaltung von Messen

Chorbeitrag:
kein Beitrag

Kontaktadressen:
Monika Janik (CL)
Tel.: 0231 / 83 56 74;
Friedhelm Zülch (VS)
Tel.: 0231 / 21 45 51

Probe: St. Konradsaal der Gemeinde „Vom Göttlichen Wort", Wickeder Hellweg 171, dienstags, 20.00 bis 21.30 Uhr

Der Kirchenchor der katholischen Gemeinde „Vom Göttlichen Wort" wurde am 29. Mai 1967 gegründet. Der Chor hat heute über fünfzig Mitglieder mit derzeit 36 aktiven Sängerinnen und Sängern. Er bildet eine Gemeinschaft von Frauen und Männern aller Altersgruppen unserer Gemeinde mit Liebe zum Gesang und Freude an der geistlichen, aber auch weltlichen Musik.

Sehr innovationsfreudig zeigte sich der Chor auch bei gemeinsamen Aktionen mit anderen Kirchenchören und bekam so die Gelegenheit, an der Aufführung großer Werke der Musik teilzunehmen, so z.B. Oktober 1993: Chor- und Orchesterkonzert mit den Kirchenchören aus St. Josef und St. Lambertus (Castrop – Habinghorst); Dezember 1998: gemeinsames Weihnachtskonzert mit dem Chor der evangelischen Johanneskirche (Wickede); Dezember 1999: Teilnahme am Projekt „Weihnachtsoratorium von J. S. Bach" zusammen mit der evangelischen Kreiskantorei Nordost u.a. Chören. Seit dem letzten Chorleiterwechsel erlebte der Chor einen erfreulichen Zuwachs an jungen SängerInnen. Durch diese sangeskräftige Unterstützung ist es möglich, ein abwechslungsreiches musikalisches Programm zu erarbeiten, in das die junge Chorleiterin auch Werke der jüngeren Kirchenliedgeschichte aufnimmt. Für die Zukunft läßt dies auf weiteren Nachwuchs hoffen. Festes musikalisches Programm: Choräle aus verschiedenen Epochen; Verschiedenes aus dem Bereich des

jüngeren Deutschen Kirchenliedes (Gospels, Taizégesänge etc.); allerlei Gemischtes aus dem Bereich „Weltliche Literatur" über Kanons, Quodlibets, Volkslieder, bis hin zum Sprechkanon. Hochgehalten wird im Chor neben der Musik auch die Geselligkeit. Regelmäßig finden Tagesausflüge in die schönsten Gegenden Deutschlands statt. Wochenfahrten führten den Chor bereits nach Rom, Prag, Budapest, Wien und in die Schweiz. Tradition hat auch der sogenannte „Infoabend" jeweils am ersten Dienstag im Monat, wo bei leckeren Schnittchen und einem erfrischendem Bier kommende Aktivitäten geplant werden und miteinander schon viel diskutiert, gelacht und gefeiert wurde.

Monika Janik (Jg. 1978) ist Studentin an der Hochschule für Musik, Dortmund; B-Examen voraussichtlich im Sommer 2001, C-Examen Juli 1997 (Essen), Teilnahme an Chorworkshops, Chor- und Orchesterwochen (Dirigierkurse). Rege eigene Chormitarbeit in verschiedenen Projektchören. Seit Sommer 1998 Chorleiterin des Kirchenchores VGW.

Kreiskantorei Nordost - Chor des evangelischen Kirchenkreises Dortmund-Nordost

Kirchenchor

Stimmaufteilung:
SATB und weitere Teilungen

Beitrittsbedingungen:
Chormitglieder müssen in der Lage sein, trotz des unregelmäßigen Probenrhythmus und der begrenzten Probenzeit ein anspruchsvolles Programm zu erarbeiten

Chorbeitrag:
kein Beitrag

Kontaktadressen:
Jutta Richwin
Tel.: 0231 / 40 09 40;
Wolfgang Meier-Barth (CL)
Tel.: 02306 / 3 70 64

Probe: Proben finden in wechselnden Gemeindehäusern im Kirchenkreis Dortmund-Nordost statt. Probentermine nach Absprache, ca. 3 wöchentlich Samstag nachmittags, gelegentlich Freitag abends, ein Chorwochenende im Jahr

Die Kreiskantorei Nordost ist ein Chor aus Sängerinnen und Sängern, die im kirchlichen Rahmen anspruchsvolle und anregende Chormusik singen wollen, ohne an eine regelmäßige wöchentliche Chorprobe gebunden zu sein. Ihre Mitglieder singen zumeist auch in den Kirchenchören des Kirchenkreises Dortmund-Nordost oder leiten diese. Sie gestaltet zwei Konzerte im Jahr sowie mehrere Gottesdienste in Gemeinden des Kirchenkreises.

Die Kreiskantorei Nordost wurde 1991 von ihrem heutigen Leiter Wolfgang Meier-Barth gegründet. In den vergangenen Jahren ist sie mit oratorischen Werken (Händel: Messias, Bach: Weihnachtsoratorium), der D-Dur Messe von Antonin Dvorak, verschiedenen Bachkantaten, dem Vivaldi-Gloria und anderen Werken für Chor und Orchester an die Öffentlichkeit getreten. Nach einem Themenkonzert „(Um-) Wege zum Vaterunser" im Jahr 1997 ist das Jahresprojekt 2000 „Psalmvertonungen aus jüdischer und christlicher Perspektive". Ein Sommerkonzert mit sehr unterschiedlichen Werken für Chor a capella oder mit Orgelbegleitung hat sich in den letzten Jahren etabliert. Mehrfach wurde die Kreiskantorei Nordost eingeladen im Rahmen des Dortmunder Interreligiösen Gebetes die christliche Seite musikalisch zu vertreten.

Für das Jahr 2001 sind neben der musikalisch-liturgischen Gestaltung

von Gottesdiensten im Kirchenkreis ein Sommerkonzert mit dem Schwerpunkt Gospel und ein Chor- und Orchesterkonzert im Spätherbst geplant.

Wolfgang
Meier-Barth

Wolfgang Meier-Barth, geb. 1961 Kirchenmusikstudium in Dortmund, B-Examen 1989, Kantor in Dortmund-Derne und Kreiskantor des Kirchenkreises Dortmund-Nordost seit 1991.

Melanchthon-Kirchenchor Dortmund-Mitte

Kirchenchor

Stimmaufteilung:
SATB

Beitrittsbedingungen:
regelmäßige Teilnahme an
Proben

Chorbeitrag:
kein Beitrag

Kontaktadresse:
Melanchthon-Kirchenchor,
Pfr. Hartmut Neumann
Tel. + Fax: 0231 /59 93 41

Probe: Melanchthonhaus,
Melanchthonstr. 2, 44143
Dortmund, mittwochs von
19.30 bis 21.00 Uhr

Internet:
http://www.melido.via.t-online.de

Diskographie:
CD in Vorbereitung

Der Melanchthon-Kirchenchor Dortmund-Mitte wurde unmittelbar nach dem zweiten Weltkrieg von Max Lorf ins Leben gerufen. Unter der Leitung des Idealisten in Sachen „Musica Sacra" - im Hauptberuf Oberstudienrat an einem Dortmunder Gymnasium- gab es in den 50er und 60er Jahren zahlreiche beachtenswerte Aufführungen, die über die Dortmunder Oststadt hinaus Beachtung fanden. Als Presbyter übte Max Lorf, der zu keiner Zeit Musik studiert hatte, aber über eine große musikalische Begabung verfügte, sein kirchenmusikalisches Amt von 1948 bis 1988 ehrenamtlich aus und finanzierte dadurch die dreimanualige Orgel wesentlich aus eigener Tasche. Noch im Alter von über 90 Jahren saß er regelmäßig auf der Orgel-

bank. Wegen eines Augenleidens musste er die Leitung des Kirchenchores bereits 1979 aufgeben. Der Chor löste sich auf.

Als Pfarrer Hartmut Neumann nach entsprechenden Examina und Beendigung der Vikariats und Hilfsprediger-zeit im Frühjahr 1980 seine erste Pfarrstelle in der Melanchthon-Gemeinde antrat, bewirkte er auf Bitten des Presbyteriums eine Neu-Gründung. Der Chor wuchs kontinuierlich und ist seither aus dem Gemeindeleben nicht mehr wegzudenken.

Mit dem Dienstantritt als Organist übernahm Siegbert Gatawis im Spätherbst 1988 auch die Leitung des Kirchenchores, die er mit einjähriger Unterbrechung bis zu seinem Weg-

Hartmut
Neumann

gang im Sommer 2000 mit viel Engagement ausübte.

Seit dem Sommer 2000 ist wiederum Pfarrer Hartmut Neumann Leiter des Melanchthon-Kirchenchors, dem er auch in der Zeit der einjährigen Abwesenheit von Siegbert Gatawis voranstand.

Neben dem Singen im Gottesdienst erfährt die Gestaltung der Osternacht und der Heiligen Nacht besondere Akzente. Daneben finden regelmäßig Kirchenmusiken statt. Schwerpunktmäßig widmen sich die 20 Sängerinnen und Sänger alten Meistern. Aber auch zeitgenössische Komponisten finden gebührende Beachtung.

Hartmut Neumann übernahm bereits als 16-jähriger in der evangelischen Kirchengemeinde Röhlinghausen (Kirchenkreis Herne) eine nebenamtliche Kirchenmusiker-Stelle, die er zehn Jahre lang als Organist versah. Gleichzeitig gründete und leitete er einen Kirchenchor und einen Jugend-Bläserkreis. Das kirchenmusikalische C-Examen legte er in Dortmund, das B-Examen in Herford ab Das Theologie-Studium absolvierte er in Bochum. Zudem wirkte Neumann über alle Jahre hinweg als Journalist bei unterschiedlichen Redaktionen. Daneben engagiert er sich in der kirchlichen Freizeitarbeit und bei der Leitung von Studienfahrten. Nach wie vor ist er auch als Organist bei kirchenmusikalischen Veranstaltungen vertreten.

Propstei-Kirchenchor Dortmund

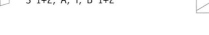

Kirchenchor

Stimmaufteilung:
S 1+2, A, T, B 1+2

Kontaktadresse:
Friedrich Veith (VS)
Tel.: 0231 / 52 68 67

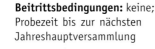

Beitrittsbedingungen: keine;
Probezeit bis zur nächsten
Jahreshauptversammlung

Probe: vor den Aufführungen
im Gemeindehaus Propstei,
Propsteihof 3, 44137 Dortmund,
donnerstags von 19.00 bis
20.30 Uhr, Einsingen ¾ Std.

Chorbeitrag:
k.A.

Im Gründungsjahr 1875 hieß er noch „Kirchenchor Cäcilia Dortmund", denn die Probsteikirche, zum ehemaligen Dominikanerkloster gehörend, war die einzige katholische Kirche Dortmunds. Nach dem Beginn der Industrialisierung vor der Jahrhundertwende, kamen durch Abpfarrungen weitere Kirchen dazu, so daß eine Neugründung mit einem neuen Namen nötig wurde. Da die Kirche Johannes dem Täufer geweiht war, und 1859 zur Propstei erhoben wurde, hieß der Chor seit 1894 „Pfarr Cäcilien-Verein ad sanc. Joh. Bapt", in Zukunft kurz „Propstei-Kirchenchor".

1943 wurde die altehrwürdige Propsteikirche durch Brand und Bomben zerstört. Ebenso verbrannte das gesamte Notenmaterial.

Nach Kriegsschluß rührte sich wieder Leben in den Ruinen. Hermann Schilling übernimmt die Chorleitung. 1951 konnte man wieder in die notdürftig hergestellte Propsteikirche einziehen. Eine neue große Zeit brach für den Chor an. Die Ausrichtung des Cäcilienfestes zum 50. Jubiläum des Dekanatverbandes der Kirchenchöre war ein erster Höhepunkt; mit einer neuen Orgel. 1975 begeht der Chor den 100. Jahrestag seiner Erstgründung, er erhält vom ACV die Palestrina - Medaille. Martin Narowski tritt das Chorleiteramt an und führt es mit guten Erfolgen. Erste Kirchenkonzerte und Rundfunkübertragungen folgen. Der gregorianische Choral wird wieder, nach den Mißverständnissen der 60er Jahre, gepflegt. Regelmäßige Choralämter alle

oben: Propstei-Kirchenchor Dortmund;
links: Schola des Chores

Chorleitung

Wolfgang Hohmann

4 Wochen sind für unsere Schola Verpflichtung „unseren Dominikanern" gegenüber, die dies seit 1330 zum Lobe Gottes in diesen alten Mauern getan haben. Regional-Kirchenmusiker Wolfgang Hohmann übernimmt 1989 die Chorleitung. Unter seiner Stabführung gestaltet der Chor die ARD-Übertragung einer Sonntagsvesper aus Anlaß des 90. Jubiläums des SKF (Sozialdienst katholischer Frauen) mit. Hauptaufgabe des Propstei-Kirchenchores ist aber weiterhin, seinen liturgischen Auftrag im Gemeindeleben wahrzunehmen.

Bei den vielen Aufgaben kommt auch der Frohsinn nicht zu kurz. Stammtische, Geburtstagsfeiern, Cäcilienfest und Chorausflüge geben den nötigen Ausgleich.

Wolfgang Hohmann (geb. 1946) studierte an der Musikhochschule Dortmund. An das A-Examen schlossen sich Musiklehrerseminar (Hauptfach Klavier) und künstlerische Reifeprüfung im Fach Orgel an. Wolfgang Hohmann ist Regionalkirchenmusiker für die Region Ruhrgebiet-West mit Dienstsitz an der Propsteikirche zu Dortmund und dort auch künstlerischer Leiter der Reihe „Orgelkonzerte an Propstei". Er belegte Meisterkurse für Interpretation und Improvisation bei G. Kaunzinger, E. Kooiman, J. Kleinbussink und T. Mechler und war Preisträger beim ersten internationalen Improvisationswettbewerb der Erzdiözese Köln. Wolfgang Hohmann ist Lehrbeauftragter für Orgel und Cembalo an der Universität Dortmund.

179

CHORNAME	CHORSPARTE	ANSPRECHPARTNER	Darst. im Buch
Cappella Tremoniensis	gemischter Chor / Kammerchor	Ansgar Kreutz 02581 /63 46 80	S. 30
Chor Clamott'	gemischter Chor	Thomas Schulze 0231 / 51 38 84	S. 32
Chorgemeinschaft 1972 Dortmund-Husen	gemischter Chor	Hans-Jürgen Streubel 0231 / 28 32 54	
Chorgemeinschaft Syburg 1864	gemischter Chor	Hans Rudolf Goller 0231 / 77 43 85	
Collegium Vocale Dortmund	gemischter Chor	Renate Schulze-Grothe 0231 / 73 37 68	S. 34
dacapo	gemischter Chor	Thomas Fischer 02306/51613	S. 36
Dortmunder Kammerchor e.V.	gemischter Chor	Johannes Krieger 0231 / 27 15 61	S. 38
Dortmunder Kantorei	gemischter Chor	Ruth Jürging 0231 / 41 23 35	S. 40
Dortmunder Musikverein / Philharmonischer Chor	gemischter Chor	Musikverein Geschäftsstelle 0231/1629211	S. 42
Dortmunder Oratorienchor	gemischter Chor	Dr. Thorsten Ziebach 0231 / 16 52 78	S. 44
Europachor der IG Metall	gemischter Chor	Christiane Babbel 0231 / 41 05 32	
Gemischter Chor der AWO Dortmund-Wichlinghofen	gemischter Chor	Manfred Fregin 0231 / 46 06 61	S. 48
Gemischter Chor Dortmund-Lütgendortmund	gemischter Chor	Horst Lang 0231 / 63 25 00	
Gemischter Chor Dortmund-Scharnhorst	gemischter Chor	Helga Westerfeld 0231 / 24 05 12	
Gemischter Chor Dortmund-West	gemischter Chor	Rüdiger Malhöfer 0231 / 67 07 15	S. 50
Gemischter Chor Glocke Brücherhof 1887	gemischter Chor	Maria Palberg 0231 / 44 38 56	S. 52
Gemischter Chor Huckarde 1959	gemischter Chor	Marita Stein 0231 / 31 01 25	S. 54
Gemischter Chor Silberklang 1951	gemischter Chor	Karl-Heinz Grawe 0231 / 48 50 30	S. 56
Hellweger Volkschor	gemischter Chor	Dieter Grallky 0231 / 63 50 45	
Kammerchor der Universität Dortmund	gemischter Chor	Barbara Bienert 0231 / 31 25 32	S. 58
Kantorei an der Ruhr	gemischter Chor	Ernst Schwab 02302 / 5 99 25	

		Günter Porwol	
Menglinghauser Gesangverein	gemischter Chor	0231 / 75 11 79	
		Franz Karthaus	
Monteverdi-Chor Dortmund e.V.	gemischter Chor	0231 / 41 77 35	
		Rainer Lösbrock	
Musikverein Mengede e.V.	gemischter Chor	0231 / 33 62 72	
		Frank Przibylla	
Sang & Klang: Los!	gemischter Chor	0231 / 8 82 14 21	S. 60
Singgemeinschaft Dortmund-		Klaus Lorbiecki	
Lanstrop	gemischter Chor	0231 / 8 99 82	
		Klaus Vetter	
Somborn Chor	gemischter Chor	02304 / 7 42 36	
		Michael Kalthoff-Mahnke	
Total Vokal Dortmund e.V.	gemischter Chor	0231 / 7 21 30 98	S. 62
		Karl Erfmann	
Volkschor Dortmund 1867	gemischter Chor	0231 / 51 31 50	S. 64
		Vera Stieler	
Volkschor Dortmund-Mengede	gemischter Chor	02309 / 26 50	S. 66
		Heinrich Annacker	
Volkschor Hörde	gemischter Chor	02383 / 71 16 82	
		Udo Mundt	
Volkschor Oespel-Kley	gemischter Chor	0231 / 65 05 37	S. 68

MÄNNERCHÖRE

Chorgemeinschaft Eving e.V.		Heinz Fieber	
1895	Männerchor	0231 / 85 30 47	S. 72
Dortmunder Männergesangverein		Walter Rohrberg	
1904 e.V.	Männerchor	0231 / 59 57 47	S. 74
Dortmunder Schubert-Chor		Heiner Canisius	
Männerchor	Männerchor	0231 / 57 34 92	S. 46
		Friedbert Trossehl	
Feuerwehr-Chor Dortmund	Männerchor	0231 / 59 24 80	
Männerchor 1852/1910		Willi Mütze	
Dortmund-Berghofen	Männerchor	0231 / 43 31 29	
Männerchor Aplerbecker Mark		Manfred Karwehl	
1873	Männerchor	02304 / 8 65 85	S. 76
		Theo Kleimeier	
Männerchor Asseln 1970	Männerchor	0231 / 27 09 58	S. 78
Männerchor der Dortmunder		Klaus Hosemann	
Actien-Brauerei	Männerchor	0231 / 25 24 65	S. 80
Männerchor der Dortmunder		Anton Frommeyer	
Unionbrauerei	Männerchor	0231 / 52 38 02	
Männerchor Harmonie 1882		Werner Maienhöfer	
Hörde	Männerchor	02302 / 6 04 75	S. 82

Männerchor Huckarde e.V. Hansa Harmonie	Männerchor	Kurt Kutscher 0231 / 35 21 31	
Männergesangverein Cäcilia Dortmund-Schüren	Männerchor	Helmut Schubert jr. 0231 / 44 74 52	
Männergesangverein Glocke Dortmund-Kruckel	Männerchor	Karl-Heinz Demtröder 02302 / 80 01 06	
Männergesangverein Nette 1895	Männerchor	Volker Gloe 0231 / 77 96 03	
MGV 1880 Dortmund-Wickede e.V.	Männerchor	Horst Brasse 0231 / 27 82 68	S. 92
MGV Cäcilia Kurl-Husen	Männerchor	Bertold Neidert 0231 / 28 53 61	
MGV Concordia Lütgendortmund 1904	Männerchor	Friedrich Möx 0231 / 63 53 94	S. 84
MGV der VEW Energie AG Dortmund	Männerchor	Helmut Seuster 0231 / 55 62 58	S. 86
MGV Dortmund-Brackel 1880 e.V.	Männerchor	Helmut Preuhs 0231 / 25 25 54	S. 88
MGV Dortmund-Dorstfeld 1858 e.V.	Männerchor	Manfred Frentzen 0231 / 17 07 51	S. 90
MGV Dortmund-Süd 1875/1996	Männerchor		
MGV Eintracht 1846 e.V. Wellinghofen	Männerchor	Lothar Esdar 0231 / 46 84 37	S. 94
MGV Eintracht Dortmund-Sölde	Männerchor	Heinz Helm 0231 / 40 06 05	S. 96
MGV Flügelrad Schwerte	Männerchor	Gerold Kramer 02304 / 1 72 07	
MGV Frohsinn 1881 Dortmund - Lanstrop	Männerchor	Hans Ludmann 0231 / 2 97 08	S. 98
MGV Frohsinn 1882 Bodelschwingh e.V.	Männerchor	Friedhelm Hertz 0231 / 37 24 87	S. 100
MGV Germania 1873 e.V. Dortmund-Kirchlinde	Männerchor	Uwe Mattke 0231 / 67 08 51	
MGV Harmonie 1876 Eichlinghofen	Männerchor	Hubert Speith 0231 / 75 14 40	
MGV Höchsten Rote Erde	Männerchor	Hans-Joachim Obst 0231 / 46 69 70	
MGV Liederkranz Lichtendorf	Männerchor	Günter Ebbinghaus 0231 / 40 11 14	
MGV Liedertafel 1880 Dortmund-Dorstfeld	Männerchor	Heinz Torspecken 0231 / 17 09 33	
MGV Liedertafel Schwerterheide 1887	Männerchor	Werner Geisel 02304 / 1 67 58	
MGV Quartett 1852 Dortmund-Schüren	Männerchor	Gerhard Hilsmann 0231 / 42 10 20	

MGV Sängerbund Derne-Hostedde	Männerchor	Heinrich Piller 0231 / 23 98 31	
MGV Sängerbund Holzen	Männerchor	Hans Heidenfels 02304 / 8 10 04	S. 102
MGV Sängervereinigung 1864 e.V. Dortmund-Aplerbeck	Männerchor	Josef Peter 0231 / 45 43 36	S. 104
MGV Vereinigte Sänger Emschertal	Männerchor	Hans W. Breickmann 0231 / 45 67 14	
MGV Westfalen 1896 Dortmund	Männerchor	Horst Herholt 0231 / 8 99 64	
Polizeichor Dortmund 1909	Männerchor	Polizeipräsidium Dortmund Burkhard Nentwig 0231 / 1 32 63 22	S. 106
Polonia Dortmund	Männerchor	Josef Szponik 02306 / 4 82 22	
Post- und Telekom Männerchor Dortmund	Männerchor	Hans-Jürgen Bräuer 0231 / 59 79 60	
Quartettverein 1929 Dortmund- Sommerberg	Männerchor	Eberhard Rous 02304 / 4 00 80	
Quartettverein Dortmund- Mengede von 1923	Männerchor	Ulrich Deinet 0231 / 33 24 95	S. 108
Quartettverein Liederborn Lütgendortmund	Männerchor	Thomas Milbradt 0231 / 63 86 56	
Quartettverein Sangesfreunde Westhausen	Männerchor	Friedhelm Stolle 0231 / 37 07 08	S. 110
Quartettverein Stahl und Eisen	Männerchor	Rolf Verheyden 0231 / 41 44 61	S. 112
Shanty-Chor Dortmund e.V.	Männerchor	Benno Willecke 0231 / 61 44 62	S. 114
Werks-Chor Deilmann-Haniel	Männerchor	Hans Jürgen Streubel 0231 / 28 32 54	
Werks-Chor Maschinen und Stahlbau Dortmund-Derne e.V.	Männerchor	Heinz Peter Michalski 0231 / 80 03 68	S. 116

FRAUENCHÖRE

CHORNAME	CHORSPARTE	ANSPRECHPARTNER	Darst. im Buch
Dortmunder Schubertchor-Frauenchor 1986	Frauenchor	Annegret Bergmann 0231 / 67 15 54	S. 46
Frauenchor Eintracht Dortmund-Sölde	Frauenchor	Brigitte Michalowski 0231 / 40 04 68	S. 120
Frauenchor Harmonie Hostedde-Derne	Frauenchor	Ursula Winner 0231 / 29 03 76	
Frauenchor Höchsten	Frauenchor	Erika Niemand 0231 / 73 58 95	
Frauenchor Lichtendorf	Frauenchor	Gisela Walter 0231 / 45 21 41	
Frauenchor Liederkranz Oespel 1948	Frauenchor	Paula Schlehenkamp 0231 / 65 12 43	
Frauenchor Lyra Dortmund-Eichlinghofen	Frauenchor	Ruth Behlau 0231 / 75 05 53	S. 122
Frauenchorgemeinschaft Bittermark-Kirchhörde	Frauenchor	Rosemarie Lemkes 0231 / 46 40 52	
Hörder Frauenchor	Frauenchor	Elke Giese 0231 / 45 86 17	

KINDER- UND JUGENDCHÖRE

CHORNAME	CHORSPARTE	ANSPRECHPARTNER	Darst. im Buch
belcando Dortmunder Kinder- und Jugendchor e.V. 1973	Kinder- und Jugendchor	Friedrich Jasper 0231 / 9 65 12 30	
Die Kleinen Strolche	Kinder- und Jugendchor	Karin Marquardt 0231 / 69 28 28	S. 126
Die Zauberlehrlinge	Kinder- und Jugendchor	Christian Scheike 0231 / 55 61 78	
Ev. Kinder- und Jugendchor Dortmund-Westerfilde 1975	Kinder- und Jugendchor	Hans Schimpke 02305 / 6 14 12	S. 128
Florian-Kids	Kinder- und Jugendchor	Rüdiger Möller 0231 / 65 12 23	S. 130
Internationale Kindermusikgruppe Kleiner Taubenschlag e.V.	Kinder- und Jugendchor	Christine Hartman-Hilter 0231 / 12 71 91	S. 132
Kinderchor Asseln / Music Kids 1994	Kinder- und Jugendchor	Wolfgang Neuhaus 0231 / 27 95 31	
Luisenchor	Kinder- und Jugendchor	Anke Ruarus-Schrödter 0231 / 37 32 62	
Mädchenchor Lollipop	Kinder- und Jugendchor	Dagmar Wagner-Bischof 0231 / 75 39 17	S. 134
Monteverdi-Junior-Chor Dortmund e.V.	Kinder- und Jugendchor	Zeljo Davutovic 0231 / 37 45 43	S. 136
Non poco piano	Kinder- und Jugendchor	Karin Marquardt 0231 / 69 28 28	

BARBERSHOP-CHÖRE

BAD BOYS	Barbershop-Männerchor	Harry Hüttemann 0231 / 41 55 14	S. 140
Barbershop Bubbles Dortmund e.V.	Barbershop-Frauenchor	Beate Dinslage 0231 / 77 28 94	S. 142
Ladies First e.V.	Barbershop-Frauenchor	A. Buchholz 0231 / 48 43 04	S. 144

POP-, JAZZ- UND GOSPELCHÖRE

Blues Brothers & Soul Sisters	Jazz-, Pop- und Gospelchor	Benedikt Koester 0231 / 73 61 13	S. 148
Florian Singers Dortmund e.V.	Jazz-, Pop- und Gospelchor	Udo Gerks 0231 / 51 55 23	S. 150
geistreich	Gospelchor	Wilfried Raschke 0231 / 179 283	S. 152
Gospel Celebration 99	Gospelchor	?	

KIRCHENCHÖRE

Chor der ev. Paul-Gerhard-Gemeinde	Kirchenchor	Kirchenchor der Paul-Gerhardt-Gemeinde 02303 / 69 01 64	S. 156
Ev. Kirchenchor Dortmund-Aplerbeck	Kirchenchor	Anne Germann 0231 / 44 32 27	
Ev. Kirchenchor Dortmund-Westerfilde	Kirchenchor	Hans Schimpke 02305 / 6 14 12	S. 158
Ev. Kirchenchor Kirchlinde-Rahm	Kirchenchor	Ev. Kirchenchor Kirchlinde-Rahm 0231 / 67 35 92	S. 160
Gemischter Chor der ev. Freikirchlichen Gemeinde Dortmund Huckarde	Kirchenchor	Renate Raschke 0231 / 17 92 83	S. 162
Kantorei der ev. Kirchengemeinde Dortmund-Brackel	Kirchenchor	Gisela Braune 0231 / 25 88 36	S. 164
Kantorei der Lutherkirche Dortmund-Hörde	Kirchenchor	Ruth Jürging 0231 / 41 23 35	S. 166

Kantorei Wellinghofen	Kirchenchor	Ingomar Kury 0231 / 46 48 73	S. 168
Katholischer Kirchenchor St. Ewaldi Aplerbeck	Kirchenchor	Gudrun Johnen 0231 / 4 42 22 80	S. 170
Katholischer Kirchenchor Vom Göttlichen Wort Dortmund-Wickede	Kirchenchor	Monika Janik 0231 / 83 56 74	S. 172
Kirchenchor Cäcilia Dortmund-Bodelschwingh	Kirchenchor		
Kreiskantorei Nordost	Kirchenchor	Jutta Richwin 0231 / 40 09 40	S. 174
Melanchthon-Kirchenchor Dortmund-Mitte	Kirchenchor	Pfr. Hartmut Neumann 0231 /59 93 41	S. 176
Propstei-Kirchenchor Dortmund	Kirchenchor	Friedrich Veith 0231 / 52 68 67	S. 178

...kurz vor Schluß

Viele Dortmunder Chöre sind in nationalen bzw. regionalen Chorverbänden organisiert.

Meine Einstellung zur Chor-Organisation unter einem Dachverband hat sich durch meine Chorbuchrecherchen gewandelt. Dachte ich anfänglich noch „Warum sich eigentlich noch einem Chorverband anschließen?", halte ich inzwischen die Organisation von Chören für sehr sinnvoll.

Hier seien nur einige Punkte genannt, die ich in dieser Hinsicht erwähnenswert finde:

- Chorverbände bilden Chorleiter und Chorleiterinnen aus bzw. qualifizieren diese,
- regeln GEMA-Fragen bzw. übernehmen für die meisten Aufführungen die GEMA-Gebühren,
- übernehmen meist den Versicherungsschutz bei Chorreisen,
- organisieren überregionale Chorfestivals bzw. -treffen,
- helfen bei organisatorischen und rechtlichen Fragen, die Aufführungen, Chorleiterverträge etc. betreffen,
- sind eine Lobby, die die Interessen der Chöre in der Kulturlandschaft vertritt.

Nachfolgend detaillierte Angaben zu den größten deutschen Chor- und Chorleiterverbänden:

Allgemeiner Cäcilien-Verband für Deutschland (ACV Deutschland)

Andreasstr. 9, 93059 Regensburg
Tel.: (0941) 84339, Fax: (0941) 84339

Mitglieder: Diözesan-Cäcilienverbände der Bistümer Deutschlands mit ihren Kirchenchören, der deutsche Chorverband Pueri Cantores, Konferenz der Leiter kathol. kirchenmusikal. Ausbildungsstätten Deutschlands, andere Verbände, Institutionen u. Arbeitsgemeinschaften mit kirchenmusikal. Aufgabenstellung u. Zielsetzung, Einzelpersonen mit entsprechender Fachkompetenz u. Ehrenmitgl.; insgesamt ca. 320.000 Sängerinnen u. Sänger (aktive Mitgl.).
Aufgabe: Einsatz f. die Belange der kath. Kirchenmusik in Deutschland im Sinne des kirchenmusikal. Apostolats. Maßgebend sind die geltenden kirchlichen Erlasse. Zu den Aufgabeaben gehört in erster Linie die Unterstützung der Arbeit der Diözesan-Cäcilienverbände sowie im weiteren die Pflege des Kontakts u. die Zusammmenarbeit mit anderen Verbänden u. Organisationen. Verbindungen zu Komponisten, Kirchenmusikverlagen u. kirchenmusikal. Verbänden im Bereich der Ökumene. Bemühung um vermehrtes Verständnis f. kirchenmusikal. Belange in der Öffentlichkeit.
Publikationen: Musica Sacra. - Kirchenmusikalisches Jb. - Schriftenreihe des ACV.

Arbeitsgemeinschaft Deutscher Chorverbände e.V. (ADC)

Adersheimer Str. 60, 38304 Wolfenbüttel
Tel.: (05331) 46018, Fax: (05331) 43723
E-Mail: adc.de@t-online.de

Mitglieder: 7 Chorverbände: Allgemeiner Cäcilien-Verband f. Deutschland (ACV), Arbeitskreis Musik in der Jugend (AMJ), Deutscher Allgemeiner Sängerbund (DAS), Deutscher Sängerbund (DSB), Internat. Arbeitskreis f. Musik (IAM), Verband Deutscher KonzertChöre (VDKC), Verband evangelischer Kirchenchöre Deutschlands (VeK). Insgesamt 41.448 Chöre mit 2.539.049 Mitgliedern, darunter 1.411.023 aktive Sänger u. Sängerinnen.
Aufgabe: Förderung u. Pflege des vokalen Laienmusizierens als kulturelle GemeinschaftsAufgabeabe u. Koordinierung v. dafür erforderlichen Maßnahmen. Mitwirkung bei der Förderung v. Maßnahmen zur Ausbildung u. Fortbildung v. Chorleitern, besonders in berufsbegleitenden Lehrgängen; Förderung der musikal. Bildung in Kinder- u. Jugendchören als ergänzende Maßnahme zur musikal. Erziehung in den Schulen u. zur Pflege des Volksliedes. Information u. Öffentlichkeitsarbeit über gemeinsam zu vertretende kulturpolitische u. wirtschaftliche Probleme des Chorwesens. Erfahrungsaustausch zwischen den Mitgliederiedsverbänden u. Fürsorge f. die Chorgemeinschaften im Bereich des privaten u. öffentlichen Rechts. Durchführung der Prüfungsverfahren f. die Verleihung der v. Bundespräsidenten gestifteten Zelter-Plakette sowie Mitwirkung bei der Durchführung der Veranstaltungen anläßlich der gemeinsamen Verleihung der Zelter-Plakette u. der PRO MUSICA-Plakette. Mitwirkung beim Deutschen Chorwettbewerb; Träger des Internat. Kammerchor-Wettbewerbs Marktoberdorf. Verleihung des Titels „Chordirektor/in ADC".
Publikationen: Heribert Allen: Chorwesen in Deutschland. Statistik - Entwicklung - Bedeutung, Viersen 1995.

Arbeitsgemeinschaft Musik
Bundesverband für christliche Jugendkultur e.V.

Schulstr. 1b, 24250 Löptin
Tel.: (04302) 96780, Fax: (04302) 967820
Homepage: http://www.ag-musik.de
E-Mail: agm@ag-musik.de

Mitglieder: 34 Organisationen auf Landes- u. Bundesebene (Verbände, Jugendpfarrämter, Aus-bildungsstätten) u. 8 sachkundige Persönlichkeiten.
Aufgabe: Förderung evang. Jugendmusik in ihrer ganzen Breite (Jugendchöre, Bands, Lieder-macher, Posaunenchöre, Kantoreien etc.). Die AG-Musik vermittelt den Erfahrungsaustausch ihrer Mitgliederlieder, fördert gemeinsame Planungen u. Projekte, führt Aktionen u. Veranstal-tungen durch u. gibt verschiedene Arbeitsmaterialien heraus. Innerhalb der Evang. Jugend nimmt die AG Musik ihren fachlichen Auftrag wahr gegenüber Einrichtungen der Jugend- u. Kirchenmusik, der Musikpädagogik u. anderen Bereichen der Bildungsarbeit.

Arbeitskreis Musik in der Jugend e.V. (AMJ)
Deutsche Föderation junger Chöre und Instrumentalgruppen

Adersheimer Str. 60, 38304 Wolfenbüttel
Tel.: (05331) 46016, Fax: (05331) 43723
Homepage: http://amj.allmusic.de
E-Mail: AMJMusikinderJugend@t-online.de

Mitglieder: Korporative Mitglieder. (Chöre, Orchester u. Instrumentalgruppen, Musikschulen, Sing-, Spiel- u. Tanzkreise), Einzelmitglieder, Familienmitglieder, fördernde Mitglieder. Gesamt-mitgliederzahl ca. 15.000.
Aufgabe: Förderung u. Pflege der Vokal- u. Instrumentalmusik einschl. verwandter Bereiche der kulturellen Arbeit in der Jugend; hierzu Durchführung v. Arbeitswochen u. Wochenendkursen. Durchführung von bzw. Mitwirkung bei Lehrgängen zur Heranbildung u. Fortbildung v. Leitern f. Vokal- u. Instrumentalgruppen; Chorleiteraustausch mit diversen Ländern; Meisterkurse f. Chorleiter. Veranstaltung v. Jugendbegegnungen mit Musiziergruppen auf regionaler, nationa-ler u. internat. Ebene. Mitwirkung bei den internat. Begegnungstreffen „Europa Cantat". Durch-führung v. Konzerten, Offenen Singen u. anderen Veranstaltungsformen musikal. Jugendarbeit. Information über die Arbeit der Chor- u. Instrumentalgruppen im AMJ u. Betreuung ihrer Tätigkeit. Unterstützung der kulturellen Arbeit v. Jugendverbänden u. Einrichtungen der Erwachsenenbildung, Zusammenarbeit mit Vereinigungen ähnlicher Zielsetzung.
Publikationen: Intervalle - Konzert-Info. - MuB. - Jahrespläne (Zusammenstellung der Lehrgän-ge, Arbeitswochen, Singtreffen u. Musiktage des AMJ). - Lied- u. Chorhefte bzw. -blätter zu den Singwochen, nationalen u. internat. Chorbegegnungen.

Regionalverband Nordrhein-Westfalen im AMJ

Thomas Holland-Moritz, Kremenholl 35, 42857 Remscheid
Tel.: (02191) 75004

Bing! Barbershop in Germany e.V.
Deutscher Verband zur Pflege der Barbershop-Musik

Birgit Kayser
Ewaldstr. 28, 59174 Kamen
Tel.: (02307) 42574, Fax: (02307) 490001

Homepage: http://www.pruenergang.de/singasong
E-Mail: Birgit.Kayser@t-online.de

Mitglieder: 11 Chöre u. 9 Quartette. Insgesamt ca. 350 aktive Sängerinnen u. Sänger.
Aufgabe: Pflege der Barbershop-Musik in Deutschland. Koordinierung v. Barbershop-Veranstal-
tungen, Fortbildung, Informationsaustausch. Regelmäßige Treffen f. Quartette u. Chöre sowie
Kontaktpflege zu anderen europäischen u. außereuropäischen Barbershop-Organisationen.
Publikationen: Barbershop News.

Christlicher Sängerbund e.V. (CS)
Holger Würth
Westfalenweg 207, 42111 Wuppertal
Tel.: (0202) 750633, Fax: (0202) 755304
E-Mail: cs-vsg@t-online.de

Mitglieder: Überwiegend freikirchliche Gemeindechöre, deren Sänger u. Chorleiter ausschließlich Laien sind.
Aufgabe: Aus- u. Fortbildung v. Sängern u. Chorleitern; Bereitstellung geeigneter, vor allem
gottesdienstlicher Chormusik f. die Mitgliederiedschöre u. weitere Interessenten.
Publikationen: cs journal.

Deutscher Allgemeiner Sängerbund e.V. (DAS)
Wolfgang Schröfel
Königsworther Str. 33, 30167 Hannover
Tel.: (0511) 7100832, Fax: (0511) 7100826
Homepage: http://www.das-bund.de
E-Mail: Geschaeftsstelle@das-bund.de;
fritz.neuhaus@01019freenet.de

Mitglieder: 71.200 aktive u. 196.000 fördernde Mitglieder.
Aufgabe: Zusammenschluß v. Chören aller Gattungen sowie v. Instrumentenvereinigungen,
Sprech- u. Bewegungschören, Tanz- u. Laienspielgruppen zu einem nach künstler. u. demokratischen Grundsätzen geformten Verband. Der Bund u. seine Chöre verstehen sich als mitverant-
wortliche Träger der öffentlichen Kunstpflege u. des Volksbildungswesens mit der Aufgabeabe,
die Vokal- u. Instrumentalmusik aller Epochen, soweit sie sich als überzeitlich gültig erwiesen
hat, zu pflegen. Der DAS dient der Erhaltung u. Verbreitung des Volksliedes u. setzt sich f. das
zeitgenössische Chorschaffen ein. Für seine Kinder- u. Jugendchöre gilt der DAS als Organisation der Jugendpflege.
Publikationen: Der Chor.

Landeschorverband Nordrhein-Westfalen im DAS
Hedingsener Masch 117, 32549 Bad Oeynhausen
Tel.: (05734) 2984
E-Mail: DAS.LCVNRW@t-online.de

Sängerkreis Dortmund im DAS
Geschäftsstelle
c/o Doris Preuß, Kullenberg 11, 44225 Dortmund

Deutscher Chorverband Pueri Cantores

Rheingasse 23, 78462 Konstanz
Tel.: (07531) 21917, Fax: (07531) 21934

Mitglieder: 250 Chöre (kirchliche Knaben-, Mädchen-, Kinder- u. Jugendchöre) mit insgesamt rd. 10.000 Mitgliedern.
Aufgabe: Unterstützung der Mitgliedschöre in ihrer musikalischen, liturgischen, kulturellen, erzieherischen u. religiösen Arbeit. Förderung der gegenseitigen freundschaftlichen Verbundenheit auch mit den Pueri Cantores anderer Länder; Begegnung der Chöre bei regionalen, nationalen u. internat. Chortreffen. Anregungen zur Gründung neuer Chöre u. Scholen. Anregungen u. Hilfen f. die Chorleiter durch Tagungen, Notengaben u. Informationen.
Publikationen: Rundbrief Pueri Cantores. - Verbandsmitt. in: Musica Sacra u. in: Ministrantenpost. - Jahreskalender.

Deutscher Sängerbund e.V. (DSB)

Bernhardstr. 166, 50968; Pf: 510628, 50968 Köln
Tel.: (0221) 386001 od. 371290, Fax: (0221) 9349992
Homepage: http://www.saengerbund.de
E-Mail: info@saengerbund.de

Mitglieder: Sängerbünde u. deren Chöre in der Bundesrepublik Deutschland, deutsche Sängerbünde u. Chöre im Ausland sowie Instrumentalgruppen, die einem Chor angeschlossen sind. Zahl der Mitglieder: 21.716 Chöre aller Altersstufen u. Besetzungen; 701.840 singende Einzelmitglieder u. 1.100.319 fördernde Einzelmitglieder.
Aufgabe: Erhaltung u. Förderung des Chorgesangs als kultureller Gemeinschaftsaufgabe nach dem Kulturprogramm des DSB, u.a.: Förderung des Verständnisses f. alle Bereiche der Kunst in möglichst breiten Schichten der Bevölkerung; Förderung der musikalischen Bildung in Kinder- u. Jugendchören als ergänzende Maßnahme zur Musikerziehung in den Schulen; Modellveranstaltungen, Lehrgänge, Veröffentlichungen, Zusammenarbeit mit anderen musikalischen Verbänden u. Organisationen auch auf internationaler Ebene.
Publikationen: Lied u. Chor. - Jb. des DSB.

Sängerbund Nordrhein-Westfalen e.V.

Gallenkampstr. 20, 47051 Duisburg
Tel.: (0203) 284621, Fax: (0203) 284696

Sängerjugend im Sängerbund Nordrhein-Westfalen e.V.

Schützenstr. 11, 46236 Bottrop
Tel.: (02041) 28078, Fax: (02041) 26634
Vors: August Vöcking

Sängerkreis Dortmund

Geschäftsstelle c/o Volkshochschule
Hansastr. 2-4
44137 Dortmund
Tel.: (0231) 553054

Evangelischer Sängerbund e.V. (ESB)
Bremer Str. 2, 42109 Wuppertal
Tel.: (0202) 752440, Fax: (0202) 754467
E-Mail: esb.wuppertal@t-online.de

Mitglieder: 10.000.
Aufgabe: Evangeliumsverkündigung durch das Lied; Förderung des Glaubenslebens in den Chören u. durch die Begegnung der Chöre. Chorleiterausbildung u. Chorschulung, Freizeiten u. Singwochen, Kinder- u. Jugendsingarbeit; Herausgabe v. Notenblättern u. anderem Arbeitsmaterial f. Chöre. Arbeitsbereich hauptsächlich im Gnadauer Verband innerhalb der Bundesrepublik Deutschland.
Publikationen: Singt dem Herrn.

Fachverband Deutscher Berufschorleiter e.V. (FDB)
Märker Str. 29, 47169 Duisburg
Tel.: (0203) 592708, Fax: (0203) 590115

Mitglieder: 542.
Aufgabe: Wahrung künstlerischer u. allgemeiner wirtschaftlicher Interessen der Berufschorleiter durch Reformen auf dem Gebiet des Chorgesanges u. der beruflichen Weiterbildung; soziale Absicherung des Berufes u. des Berufsbildes. Einführung einheitlicher, die Interessen der Chorleiter u. Vereine wahrender Verträge. Einführung bestimmter geschäftlicher Prinzipien auf einheitlicher Grundlage.
Publikationen: FDB-Informationen (2 x jährl.), Duisburg 1971ff.

Gemeinnütziges Förderwerk für Chorverbände und deren Mitgliederieder in der Bundesrepublik Deutschland e.V. (GFCH)
Im Wiesengrund 57, 53639 Königswinter
Tel.: (02244) 925384, Fax: (02244) 925388

Mitglieder: 8.000 natürliche, 10 juristische Personen.
Aufgabe: Förderung v. vereinseigenen Kinder- u. Jugendchören; Unterstützung der Seniorenkulturarbeit im Bereich Musik.

Internationaler Chorleiterverband e.V. (ICV)
Am Schieferstein 7, 60435 Frankfurt/Main
Tel.: (069) 543535, Fax: (069) 546673

Mitglieder: 150 Chorleiter, vorwiegend aus Deutschland sowie anderen europäischen Ländern.
Aufgabe: Förderung v. Chorleitern durch Fortbildungskurse, ein umfassendes Informationsangebot (z.B. über Chorliteratur, Fortbildungsveranstaltungen, Festivals, Chorwettbewerbe) u. Berufsberatung. Initiierung u. Förderung v. zeitgenössischen Chorproduktionen, Wettbewerben u. Konzerten auf nationaler u. internat. Ebene.
Publikationen: ICV-Nachrichten, hrsg. v. Werner Jung, Langgöns 1993ff.

Verband Deutscher KonzertChöre e.V. (VDKC)
Kempener Str. 5, 41749 Viersen
Tel.: (02162) 814211, Fax: (02162) 814212
Homepage: http://www.vdkc.de
http://home.t-online.de/home/chorverband.vdkc
E-Mail: chorverband.vdkc@t-online.de

Mitglieder: 303 Mitgliederiedschöre mit insgesamt 17.294 Sängerinnen u. Sängern sowie ca. 7.000 fördernden Mitglieder.
Aufgabe: Pflege wertvoller Chormusik mit besonderer Förderung des zeitgenössischen Chorschaffens in Aufführungen v. künstlerischem Anspruch. Chormusiktage auf Bundes- u. Länderebene. Beratung der Mitgliederiedschöre in künstlerischen, organisatorischen u. wirtschaftlichen Fragen. Durchführung v. Fortbildungs-Seminaren; Einrichtung v. Stiftungen; Vergabe v. Kompositionsaufträgen.
Publikationen: Chor u. Konzert (3 x jährl.) - Chorwesen in Deutschland, 1995. - Chorsinfonik Werkkunde, 1995. - Chor-Management, 1997. - Chorleiter u. Ensembleleiter, 1997.

Landesverband Nordrhein-Westfalen im VDKC
Hanna Eisenbart
Schumannstr. 70, 40822 Mettmann
T. u. Fax: (02104) 12379
Homepage: http://www.chor-und-konzert.de

Verband evangelischer Kirchenchöre Deutschlands e.V. (VeK)
Agnes-Miegel-Str. 53, 31139 Hildesheim
Tel.: (05121) 268049, Fax: (05121) 268049

Aufgabe: Pflege der kirchlichen Chormusik, speziell der gottesdienstlichen Chormusik.
Publikationen: Der Kirchenchor.

Landesverband Westfalen im VeK
Vors: LKMD Sabine Horstmann, Kirchplatz 5, 58332 Schwelm

Verband evangelischer Kirchenmusikerinnen und Kirchenmusiker in Deutschland (VeM)
Bernhard Reich
Mozartstr. 12, 75365 Calw
Tel.: (07051) 20912, Fax: (07051) 2766
E-Mail: Kirchenmusik@t-online.de

Aufgabe: Förderung der Kirchenmusik. Wahrnehmung der fachlichen, beruflichen u. sozialen Interessen der Kirchenmusikerinnen u. -musiker. Vertretung der Mitglieder gegenüber den Kirchen- u. Staatsbehörden.
Publikationen: „Forum Kirchenmusik". - Kirchenmusikalische Mitt., hrsg. v. den einzelnen Landesverbänden.

Landesverband Westfalen im VeM
Massenezstr. 19, 44265 Dortmund
Tel.: (0231) 464873
Landesobmann: Ingomar Kury

periodisch erscheinende Publikationen zum Thema Chor:

cantate - Für Freunde geistlicher Chormusik
Herausgeber: Erwin Bidder, Im Sand 56, 53619 Rheinbreitbach

Der Chor - Bundeszeitschrift des DAS
Herausgeber: Deutscher Allgemeiner Sängerbund e.V.
Geschäftsstelle: DAS, Postfach 15 04 23, 44344 Dortmund

Lied und Chor - Zeitschrift für das Chorwesen
Herausgeber: Deutscher Sängerbund e.V.
Geschäftsstelle: DSB, Postfach 51 06 28, 50942 Köln

Praxishandbuch Chorleitung - Fachwissen, Praxisbeispiele und Informationen für Chorleiterinnen und Chorleiter
Edition Dr. Völkl in der Cantus mundi AG, Dornhaldenstr. 10/1 70199 Stuttgart

Leseempfehlung:

Harenberg Chormusikführer - Vom Kammerchor bis zum Oratorium
Herausgeber: Hans Gebhard, Harenberg Kommunikation, Dortmund

Erläuterung der im Buch verwendeten Abkürzungen:

A:	Altstimme
ADC:	Arbeitsgemeinschaft Deutscher Chorverbände
AMJ:	Arbeitskreis Musik in der Jugend
B:	Baßstimme
BT:	Bariton
CD:	Compact Disc
CL:	Chorleiter/in
DAS:	Deutscher Allgemeiner Sängerbund
DSB:	Deutscher Sängerbund
FDB:	Fachverband Deutscher Berufschorleiter
HdK:	Hochschule der Künste
Jg.:	Jahrgang
k.A.:	keine Angabe
KMD:	Kirchenmusikdirektor
LKMD:	Landeskirchenmusikdirektor
LP:	Langspielplatte
MC:	Musikkassette
S:	Sopranstimme
SATB:	Sopran-, Alt-, Tenor- und Baßstimme
T:	Tenorstimme
VDKC:	Verband Deutscher Konzertchöre
VS:	Vorsitzende/r

A-, B-, C-Examen (Kirchenmusik):

Die Vorbereitung zum C-Examen dauert meist vier Semester und schließt mit der Prüfung für den in der Regel nebenamtlichen kirchenmusikalischen Dienst ab.

Der Studiengang B bildet die Basis der Ausbildung zum hauptberuflichen Kirchenmusiker. Voraussetzung für die Aufnahme dieses Studiums ist neben allgemeinen Zulassungsbedingungen eine den späteren beruflichen Anforderungen entsprechende musikalische Begabung, die durch eine Eignungsprüfung festgestellt wird.

Das mit dem A-Examen abschließende Aufbaustudium A bereitet auf die Tätigkeit als hauptamtlicher Kirchenmusiker an großen Stadtkirchen vor. Es basiert in der Regel auf einer bereits abgelegten B-Prüfung, kann aber auch in Ausnahmefällen an ein anderes abgeschlossenes Musikhochschulstudium anschließen, sofern gewisse Mindestbedingungen erfüllt sind.

A cappella (oft auch a-cap(p)ella):

aus dem Italienischen (alla capella = wie in einer Kapelle), ehemals Bezeichnung für strengen kirchlichen Kompositionsstil. Ab 19. Jahrhundert unter Bezugnahme auf unbegleiteten Gesang der cappella sistina umgedeutet als „rein vokale Chormusik".

Alt:

Vom lateinischen „altus" = hoch. In der Musik des 12. Bis 16. Jahrhunderts von einer hohen Männerstimme gesungen; später die tiefe Stimme der Knabenchöre. Heute grundsätzlich für die tiefe Frauenstimme gebraucht, die Männerstimme gleicher Tonlage wird als „Altus" bezeichnet.

Bariton:

Mittlere Männerstimme zwischen *Tenor* und *Baß*.

Baß:

Vom lateinischen „bassus" = tief. Die tiefe Männerstimme.

Choral:

Einstimmiger - von einzelnen Vorsängern (Cantores, Kantoren) oder der ganzen Chorgemeinschaft vorgetragener - Gesang des Stundengebets und der Eucharistiefeier (Messe) in einer ruhigen (meditativen) Singweise aufgrund einer altkirchlichen, im Mittelalter fortentwickelten Gesangstradition von verhaltener Rhythmik und Dynamik, wobei die unterlegten Texte (Psalmen, Bibelzitate, Hymnen u.ä.) den Melodiecharakter beeinflussen. Der ursprünglich unbegleitete Gesang wird heute von der Orgel teilweise unterstützt. Die Tonfolge ist entweder *syllabisch* oder *melismatisch*. Als „Choral" wird bisweilen auch (vor allem im evangelischem Raum) das „Kirchenlied" bezeichnet.

Doppelchor:

Besetzung für zwei vollständige Chöre, meist SATB – SATB.

Gregorianischer Choral:

Nach Papst Gregor 1. († 604) benannter *Choral* der katholischen Kirche.

Kantate:

Vom lateinischen „cantare" = singen. Bezeichnung für ein geistliches oder weltliches Gesangsstück, das von Instrumenten begleitet wird und zumeist aus einer Abfolge von rezitativischen und ariosen Abschnitten besteht; Hauptvertreter der Kirchenkantate ist Bach.

Kantor:

Vorsänger und Leiter der Schola cantorum; heute der an einer größeren Kirche angestellte Leiter des Kirchenchores und Organist.

Liturgie:

Festgelegte Form und Reihenfolge für den Ablauf des Gottesdienstes.

Madrigal:

vom italienischen „mandra" = Herde, also „Hirtenlied". Ab dem 14. Jahrhundert kurze zwei- oder dreistimmige Lieder mit erotischen, politischen oder auch satirischen Themen in Form von Strophen mit Refrain, Blüte im 16. Jahrhundert. In satztechnischer Hinsicht an die *Motette* angelehnt, bildet sie inhaltlich ihr weltliches Gegenstück. Geistliche Madrigale mit biblischem Text entstanden im Zuge der Gegenreformation.

Melismatische Tonfolge:
Mehrere Töne je Textsilbe.

Mezzosopran:
Mittlere Frauenstimme zwischen *Sopran* und *Alt*.

Motette:
vom französischen „mot" = Wort oder lateinischen „motus" = Bewegung. Eine der wichtigsten Gattungen mehrstimmiger Vokalmusik. Im 13. Jh. meist aus zwei vokalen Stimmen und instrumental geführtem Tenor bestehend, die Texte konnten weltlichen oder geistlichen Ursprungs sein. Ab dem 14. Jahrhundert sog. isorhythmische Motette, bei der rhythmische Gestalt bestehen bleibt, die Melodik sich während des Stückes ändert. Ab dem 15. Jahrhundert nur noch in der Kirchenmusik vertreten.

Ordinarium:
Bezeichnung für die fünf feststehenden Gesänge der Messe „Kyrie", „Gloria", „Credo", „Sanctus" und „Agnus Dei".

Oratorium:
lateinisch = Beetsaal. Zu Beginn des 17. Jahrhunderts in Rom entstandene vokal-instrumentale Großform der geistlichen Musik unter Verwendung der technischen Mittel der Oper (Arie, Rezitativ). Durch Händel zum Chor-Oratorium erhoben, spätestens seit

Haydn Hauptbestandteil nicht nur des geistlichen, sondern auch des weltlichen Chorschaffens.

Requiem:
Totenmesse der katholischen Kirche.

Sopran:
Hohe Frauen- oder Knabenstimme.

Syllabische Tonfolge:
Ein Ton auf einer Silbe.

Tenor:
Hohe Männerstimme.

Zelter-Plakette:
Die Zelter-Plakette wurde 1956 von Bundespräsident Theodor Heuss neu gestiftet „als Auszeichnung für Chorvereinigungen, die sich in langjährigem Wirken besondere Verdienste um die Pflege der Chormusik und des deutschen Volksliedes und damit um die Förderung des kulturellen Lebens erworben haben" (Erlaß vom 7. August 1956). Der Namensgeber der Auszeichnung, Komponist und Liedertafelgründer Carl Friedrich Zelter (1758 bis 1832) war ein Schüler von Karl-Friedrich Fasch, dem Leiter und Begründer der Berliner Singakademie. Gesangvereine können bei 100-jährigem, und unterbrochenem Bestehen, diese Plakette verliehen bekommen. Voraussetzung für die Verleihung ist der Nach-

weis, daß sich der Chor in ernster und erfolgreicher musikalischer Arbeit der Liedpflege gewidmet und im Rahmen der örtlich gegebenen Verhältnisse künstlerische und volksbildende Verdienste erworben hat. Die Verleihung der Zelter-Plakette erfolgt einmal jährlich - Traditionsgemäß am Sonntag „Laetare", drei Wochen vor Ostern - im Rahmen eines Festaktes auf Bundesebene an wechselnden Orten. Bei diesem Festakt überreicht der Bundespräsident oder sein Beauftragter einem der auszuzeichnenden Chöre die Zelter-Plakette und die Urkunde, stellvertretend für alle Chöre, die diese Ehrung im gleichen Jahr erfahren.

Schnuppern Sie doch mal

Ein Meisterwerk der Chormusik

Jedes CANTATE-Heft erschließt Ihnen die Welt der Chormusik aufs neue: farbige Werkanalysen bekannter und unbekannter Meister, neue CDs empfehlenswerter Einspielungen, unterhaltsame, informative Komponisten-porträts, aktuelle Musik-literatur, Meisterwerke der Chormusik, Repertoire-vorschläge, Chorporträts, Rätselseite, Werke zeitgenössi-scher Komponisten, Tips für Stimmbildung und Atemtechnik.

Zum Schnupperpreis von DM 25,50 im Inland bzw. DM 31,50 im europäischen Ausland für drei Ausgaben (einschl. MWSt. und Zustell-gebühr) kommt CANTATE ab sofort für ein halbes Jahr zu Ihnen ins Haus. Sie sparen DM 3,50.

Wenn Sie nach Erhalt der dritten Ausgabe keine Hefte mehr wünschen, genügt eine kurze Mitteilung an den Verlag, und die Sache ist für Sie erledigt. Im anderen Falle erhalten Sie Ihr Exemplar der CANTATE für DM 58,– (Inlandsbezug) bzw. DM 70,– (europäisches Ausland) ein Jahr lang alle zwei Monate bequem per Post ins Haus.

Kontrapunkt Verlags-GmbH
Postfach 32 10
53615 Rheinbreitbach
Telefon (0 22 24) 7 64 82
Telefax (0 22 24) 90 02 92
eMail: cantate-online@t-online.de

PROBE-ABONNEMENT

☐ Ja, ich will CANTATE einfach und bequem für DM 25,50 im Inland bzw. DM 31,50 im europäischen Ausland (drei aktuelle Ausgaben) kennenlernen.

Name, Vorname:

Straße, Nr.:

PLZ, Wohnort:

☐ Ich zahle bequem per Bankeinzug

Kontonummer:

Geldinstitut, Bankleitzahl:

☐ Ich zahle gegen Rechnung

Ort, Datum:

1. Unterschrift:

Widerrufsrecht: Diese Bestellung kann ich innerhalb einer Wo-che bei der Kontrapunkt Verlags-GmbH schriftlich widerrufen. Die Frist beginnt einen Tag nach Absendung dieser Bestel-lung. Rechtzeitige Absendung genügt. Ich bestätige dies mit meiner zweiten Unterschrift.

2. Unterschrift:

01-01

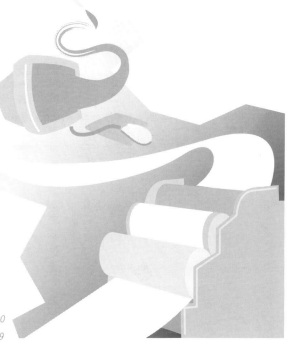

Der Autor

Thomas Schaefer, geb. 1967, studierte Diplom-Geographie mit den Nebenfächern Soziologie und Wirtschaft. Im Rahmen seines Studiums verbrachte er mehrere Monate in der VR China und Hongkong. Sein Verlag publiziert Titel zur Alltagskultur; neben seiner Autorentätigkeit ist er auch als Grafiker und Layouter tätig, er gestaltet z.B. das Sammelwerk „Praxishandbuch Chorleitung".

Weitere Veröffentlichungen:
Schiffe, Schnaps und Schokolade - Bremer Produkte der 70er Jahre (1998, mit Kurze und Siepmann)
Wer liegt wo? Prominente auf Bremer Friedhöfen (1998)
Chöre in Bremen (1998)
Chöre in Hamburg (1999)
Chöre in Berlin (2000)
Chöre in Hannover (2001)
Chöre in Frankfurt (2001)

Weitere Bücher aus der Chörereihe sind in Vorbereitung:
Chöre in München
Chöre in Freiburg
Chöre in Köln
Chöre in Stuttgart
u.a.

Für Kritik, Anregungen und „chorische" Kontaktadressen bin ich sehr dankbar. Post bitte an meine Verlagsadresse schicken:

Thomas Schaefer Verlag
Moselstr. 1 B
28199 Bremen

oder per E-Mail: tsverlag@t-online.de